Tatzeit Weihnachten

Edith Kneifl

Tatzeit Weihnachten

**13 schaurig-schöne
Kriminalgeschichten zum Fest**

FALTER *VERLAG*

Die Handlung der folgenden Kurzgeschichten ist frei erfunden. Manche der Krimis sind von wahren Begebenheiten beeinflusst, trotzdem ist jede Ähnlichkeit mit lebenden oder verstorbenen Personen rein zufällig.

ISBN 978-3-85439-641-3

© 2019 Falter Verlagsgesellschaft m.b.H.
1011 Wien, Marc-Aurel-Straße 9
T: +43/1/536 60-0, F: +43/1/536 60-935
E: bv@falter.at, service@falter.at
W: faltershop.at

Autorin: Edith Kneifl
Lektorat: Helmut Gutbrunner
Grafik und Umschlagdesign: Marion Großschädl
Layout: Barbara Blaha
Coverfoto: Mariya Leonenko/shutterstock.com
Produktion: Susanne Schwameis
Druck: Finidr, s.r.o., 73701 Český Těšín

Wir haben bei diesem Buch im Sinne der Umwelt auf die Verpackung mit Plastikfolie verzichtet.

Inhalt

Treffpunkt Pilgrambrücke

Don't Bogart That Joint, My Friend

Isabella war trockene Alkoholikerin. Zeitweise. Wenn sie sich einrauchte, vergaß sie manchmal darauf, dass sie trocken war. Danach suchte sie meist ein Treffen der Anonymen Alkoholiker auf, gestand ihren Rückfall und hielt es, gestärkt durch die Gruppe, wieder einige Monate ohne den Teufel Alkohol aus. Das funktionierte nun schon seit einigen Jahren ganz gut.

Eigentlich hatte sie heuer Weihnachten ignorieren wollen. Diese gesetzlich verordneten Feiertage waren ein einziger Horror für verarmte, alleinstehende Menschen wie sie.

Der Gedanke, drei Tage zuhause vor dem Fernseher zu hocken, bis ihre Augen die Form von Quadraten angenommen hatten, erschien ihr nur wenig verlockend. Zum Glück hatte sie noch eine Wohnung und war nicht in der Gosse gelandet, wie ihr einst ein Psychiater prophezeit hatte.

Die ausbezahlte Eigentumswohnung in einem Gründerzeitbau auf der Linken Wienzeile, Nähe Pilgrambrücke, hatte sie von ihren Eltern geerbt. Die Betriebskosten der Altbauwohnung im dritten Stock ohne Lift hielten sich in Grenzen. Ihre Eltern hatten ein winziges Bad und eine Küche im riesigen Vorzimmer einbauen lassen. Heizen musste sie die beiden großen Zimmer allerdings nach wie vor mit Öl. Den elektrischen Strahler im Bad benützte sie nur, wenn es draußen Minusgrade hatte.

Ihre Mindestpension reichte nicht zum Überleben. Isabella war jedoch, trotz langjährigen Alkohol- und Drogenmissbrauchs, noch klar im Kopf und ziemlich erfindungsreich.

Als junge Frau war sie eine zumindest in Wien sehr bekannte Sängerin gewesen.

Als sie mit Anfang vierzig ihre Stimme verlor, verabschiedete sich auch der Gitarrist und Bandleader von ihr. Sie waren zwanzig Jahre lang miteinander liiert, aber nicht verheiratet gewesen. Heiraten galt damals als spießig und kleinbürgerlich, kam in den Kreisen, in denen sie verkehrte, nicht infrage. Nach ihrer Trennung machte er eine große Solokarriere, heiratete eine viel jüngere Frau und produzierte im zarten Alter von fünfzig noch ein Kind. Die übliche Geschichte, doch es war ihre Geschichte und sie tat bis heute weh.

Anfangs hatte sie sich mit jüngeren Männern getröstet und all die Tantiemen, die noch jahrelang von Schallplatten- und CD-Verkäufen eintrudelten, verkokst. Als sie eines Tages wegen Kokainbesitzes verhaftet worden war, hatte ihr ein Anwalt, ein früherer Fan, aus der Patsche geholfen. Sie war eine kurze Affäre mit ihm eingegangen. Obwohl sie beide miteinander um die Wetter soffen, hatte es mit einer Beziehung nicht so recht klappen wollen. Sie waren jedoch Freunde geblieben.

Heute rauchte Isabella nur mehr Haschisch und dealte ein bisschen damit, um sich den eigenen Konsum zu finanzieren. Ihre Pension reichte gerade für die Wohnungskosten und die Handygebühren. Alle Extras, wie Kleidung, Schuhe oder Luxusgüter wie Bücher und Kosmetika, beschaffte sie sich kostenlos.

Isabella war sehr schlank, fast dünn. Sie sparte vor allem beim Essen. Trotz vieler Falten sah man ihr die vierundsechzig Jahre nicht an. Sie hatte große braune Augen und langes graues Haar, das sie im Nacken zu einem straffen Knoten zusammenband, wenn sie bei ihren Diebeszügen einen seriösen Eindruck machen wollte. Bisher war sie nie erwischt worden, außer einmal beim Schwarzfahren von zwei Kontrolleuren in Zivil. Eine vorgeschürzte, mit akutem Gedächtnisverlust einhergehende Herzattacke hatte sie vor dem Schlimmsten bewahrt. Die Schwarzkappler hatten anstatt die Polizei einen Notarzt gerufen. Das Geld, das ihre Eltern für zwei Jahre Schauspielschule ausgegeben hatten, war also nicht völlig verschwendet gewesen.

Um nicht dem Weihnachtsblues zu verfallen, hatte Isabella ihre beiden einzigen Freunde eingeladen, den Heiligen Abend mit ihr zu verbringen. Brigit und Philip waren ihre »ambulante Familie«, ein Begriff, den die leider längst verstorbene großartige österreichische Schriftstellerin Elfriede Gerstl einst für ihre Freunde geprägt hatte.

Am späten Vormittag, als der Trubel am Naschmarkt am schlimmsten war, brach Isabella zu ihrer Einkaufstour auf. Sie kaufte und bezahlte brav die Zitronen, Paradeiser und ein Basilikumstöckl bei einem Obst- und Gemüsestand. Die Delikatessen in den sauteuren Läden ließ sie einfach in den tiefen Taschen ihres langen Wintermantels verschwinden. Sie wusste nicht genau, was sie eingesteckt hatte, da sie ihre Lesebrille zuhause vergessen hatte. Aber all die Gläser mit

Gänseleber, Entenpastete, Wachteleiern oder Trüffeln sahen gleich appetitlich aus.

Alte Frauen sind unsichtbar. Auf dieses Klischee war Verlass. Keine der jungen, schicken Verkäuferinnen hatte ihr auch nur die geringste Beachtung geschenkt, als sie diese Köstlichkeiten mitgehen ließ.

Mehr Schwierigkeiten bereitete ihr die kostenlose Beschaffung von Lachs. Lachs musste leider sein, gehörte zu den Lieblingsfischen ihrer Freundin Birgit, genannt Brigit, nach Brigitte Bardot, der sie in Jugendjahren ein bisschen ähnlich gesehen hatte.

Sollte sie einfach ein großes Stück Lachs aus dem Bett von Eis zerren und in ihre Einkaufstasche werfen? Bei dem Gedanken musste sie lachen. All die gut gekleideten, reichen jungen Leute, die sich um den besten Fischstand am Naschmarkt drängelten, würden ganz schön blöd dreinschauen, dachte sie. Leider konnte sie nicht mehr schnell genug laufen, sonst hätte sie das glatt getan.

Sie wechselte zu einem anderen Fischstand. Hier tummelten sich die weniger Erfolgreichen, Bobos mit Kinderwägen, junge Schnösel mit Sektglas in der Hand und einige intelligenter aussehende Menschen, die halt auch ein Stückchen Fisch für den Heiligen Abend kaufen wollten.

Am Ende der langen Theke erblickte sie eingeschweißten Lachs, einen richtig großen Haufen Räucherlachs. Keiner schien sich dafür zu interessieren. Jeder wollte frischen Fisch. Wieder verjüngte ein Lächeln ihr Gesicht. Frischer Fisch in Wien? Aus dem Donaukanal vielleicht? Mein Gott, sind die Leute blöd! Und schon hatte sie sich eine 250-Gramm-Packung hygienisch verpackten norwegischen Räucherlachs geangelt und in ihrer Tasche verschwinden lassen. Keiner hatte sie gesehen, keiner hatte es bemerkt.

Beschwingt begab sie sich in eine eher ungustiöse Supermarkt-Filiale in der Nähe des Naschmarkts und ließ dort die restlichen Sachen wie Oberskren, Dillsenfsauce und Ersatzkaviar mitgehen, bezahlte nur das Klopapier und den Mozzarella im Sonderangebot.

Zur Feier des Tages nahm sie die U4, obwohl es nur eine Station bis zur Pilgrambrücke war. Doch die vielen Delikatessengläser, die Zitronen, Paradeiser, das Basilikumstöckl und der Lachs in ihrer Tasche hingen sich ordentlich an.

In der Pilgramgasse hatte einer der besten Bäcker Wiens eine Filiale. Zur Feier des Tages kaufte sie köstliches Brot zu Apothekerpreisen. Schließlich hatte sie bisher nicht viel ausgegeben.

Bei der Busstation vor der Bäckerei lungerten wie immer kaputte Typen herum. Sie kannte den einen oder anderen vom Sehen. Ihr Freund Philip hatte früher sein Anwaltsbüro im Hochparterre des Nachbarhauses. Heute wohnte er in seinem ehemaligen Büro. Nicht selten hatten Philip und sie sich nächtens in einem dieser schäbigen kleinen Läden mit Bier und Wein versorgt.

Ihr Freund war fünf Jahre älter als sie. Er bezeichnete sich selbst als Winkeladvokaten, seit er aus der Anwaltskammer ausgeschlossen worden war. Seit kurzem war Philip auf einem Auge fast blind.

Er sah dem berühmten Schauspieler Humphrey Bogart ein bisschen ähnlich, hatte ebenso kantige Gesichtszüge und ein ebenso schiefes Lächeln. Außerdem trug er fast immer einen Hut. Allerdings war er mindestens einen Kopf größer als die Schauspielerlegende.

Philip behauptete oft, er fühle sich hier im Fünften wie im New York der späten 1970er-Jahre. Nach Beendigung seines Studiums hatte er ein paar Monate in der Stadt, die niemals schläft, verbracht und war anscheinend in der damals noch schäbigen Lower East Side in solch abgefuckten Bars und Läden wie hier herumgehangen.

Sie überlegte, kurz auf einen Kaffee bei ihm vorbeizuschauen und sich ein bisschen Geld von ihm zu borgen. Ein Blick auf ihre Uhr ließ sie von diesem Plan Abstand nehmen.

Jetzt auch noch mit dem schweren Brot bepackt, schlurfte sie wieder hinüber zur U-Bahn-Station Pilgramgasse.

Sie war pünktlich. Ihr junger Dealer verspätete sich. Während sie überlegte, wie sie ihn überreden könnte, ihr den Stoff auf Pump zu geben, schnorrte sie ein Junkie an. Sie gab ihm einen Euro. Mehr hatte sie nicht dabei. Der Typ spuckte vor ihr aus.

Plötzlich tauchte Caspar aus dem Untergrund auf. Der Junkie machte sich rasch aus dem Staub. Wahrscheinlich hatte er Schulden bei dem Dealer.

Caspar schüttelte ihr freundlich die Hand. »Frohe Weihnachten«, sagte er grinsend. Er war Katholik und nach einem der Heiligen Drei Könige genannt worden, hatte er ihr einmal erzählt.

Kurzerhand lud sie auch ihn für heute Abend ein. Er solle den Stoff sozusagen ins Haus liefern. Sie versprach, bis dahin das Geld aufzutreiben. Wie so oft, verließ sie sich auf ihre beiden Freunde. Obwohl Philip ziemlich heruntergekommen war, schien er für Alkohol und Shit immer genügend

Geld zu haben. Und ihre Freundin Brigit bezog als ehemalige Lehrerin an einem Gymnasium sowieso eine gute Pension.

Ihr Dealer ließ sich auf diese ungewöhnliche Verabredung ein. Sie kannten einander schon seit drei Jahren. Bisher hatte Isabella immer gleich bezahlt. Als sie ihm ihre Adresse nannte, winkte er ab. Er schien zu wissen, wo sie wohnte.

❊

Als Isabella ihre Einkäufe im Kühlschrank verstaute, klingelte das Handy.

Brigit – wer sonst?

Ihre Jugendfreundin war eine Nervensäge, eine Besserwisserin und Dauerrednerin. Oft rief sie sechs Mal am Tag an. Andererseits konnte sie auch sehr lieb sein. Sie half Isabella schon seit vielen Jahren, wenn nicht Jahrzehnten, immer wieder finanziell aus der Patsche.

Brigit wohnte nicht weit von ihr, hatte eine hübsche Gemeindebauwohnung mit Balkon im Einstein-Hof. Die ehemalige Frau Professor war immer noch vollbusig und blond. Acht Jahre lang hatte sie mit Isabella das Gymnasium in der Rahlgasse besucht, war ihre Banknachbarin gewesen. Nach der Matura hatte Brigit studiert und war dann Lehrerin an ihrem ehemaligen Gymnasium geworden, hatte Mathematik und Musik unterrichtet. Irgendwann hatte sie einen Lehrerkollegen geheiratet. Mittlerweile war sie schon ewig lange geschieden. Während ihrer Ehe hatten die beiden Schulfreundinnen keinen Kontakt miteinander gehabt. Erst als sich Brigit nach ihrer Scheidung in Bars herumtrieb, immer auf der Suche nach einem neuen Mann, hatten sie sich eines Nachts in

13

einer Spelunke in der Nähe des Naschmarkts wiedergesehen und sich seither nicht mehr aus den Augen verloren.

Brigit war nicht kleinlich. Sie wusste, dass sie das Geld, das sie ihrer Freundin borgte, nie wiedersehen würde. Manchmal erbte Isabella auch schicke Sachen von ihr, obwohl Brigit etwas aus dem Leim gegangen war. Sie waren etwa gleich groß, aber Brigit war mindestens fünfzehn oder sogar zwanzig Kilo schwerer. Isabella sah in den Klamotten ihrer Freundin aus wie ein Kleiderständer, an dem alles flatternd herunterhing. Brigits Pullover waren Minikleider für sie.

Isabella rief ihre Freundin zurück. Schließlich musste sie Brigit heute bei Laune halten.

Nachdem sie sich zum hundertsten Mal angehört hatte, wie rücksichtslos und unverschämt Brigits neue Nachbarn waren – alle mit Migrationshintergrund natürlich –, wollte sie schon auflegen, doch nun begann ihre Freundin zu heulen. Sie halte das Alleinsein nicht mehr aus, sie komme mit dem Altwerden nicht zurecht, könne nicht schlafen, sie wolle so nicht mehr weitermachen, denke andauernd an Selbstmord ...

Isabella hörte ihr nicht mehr zu, legte das Handy auf den Tisch, drückte auf die Lautsprechertaste und las inzwischen die Gratiszeitung, die sie sich von einem Ständer bei der U-Bahn-Station mitgenommen hatte. Von Lesen konnte eigentlich nicht die Rede sein. Es gab nur riesige Schlagzeilen und viele Bildchen: Kopftuchverbot für Kindergartenkinder, Einreiseverbot für Krieger aus dem wilden Kurdistan ...

Inzwischen war es fast sechzehn Uhr. Isabella wagte es, den Wortschwall ihrer Freundin zu unterbrechen: »Ich würde gerne noch duschen und muss dann schön langsam mit den Vorbereitungen für heute Abend beginnen. Lass uns bitte später weiterreden.«

»Das ist wieder typisch für dich! Wenn ich verzweifelt bin, hast du nie Zeit für mich. Ich weiß nicht, ob ich überhaupt zu dir kommen werde. Du und Philip, ihr raucht euch doch eh wieder nur ein. Und ich, was soll ich machen? Mich betrinken? Das ist keine Lösung ...«

»Ich bitte dich, Brigit, beruhige dich. Du wirst sehen, wir werden einen wunderschönen Heiligen Abend miteinander verbringen. Ich habe ganz tolle Sachen eingekauft, Gänseleber, Kaviar und deinen geliebten Lachs.«

»Woher hast du das Geld?«

»Von Philip«, log Isabella.

»Hoffentlich wird er heute mal halbwegs nüchtern sein.«

»Das wird er. Seit kurzem trinkt er erst ab Sonnenuntergang.«

»Der ist schon eine Weile her.«

»Ach Brigit, jetzt zieh dich schön an und dann kommst du rüber, okay? Und vergiss nicht, den Sekt mitzubringen. Für Sekt hat meine Marie nicht mehr gereicht.«

Um achtzehn Uhr läutete es an Isabellas Wohnungstür.

Nicht Brigit, nicht Philip, sondern Caspar stand vor der Tür.

Er kam zu früh. Hatte sie nicht neunzehn Uhr gesagt?

Caspar trug eine schwarze, mit weißem Pelz gefütterte Lederjacke zu seiner eleganten schwarzen Hose und seinem weißen Hemd. Er sah verdammt gut aus.

Mit breitem Grinsen deutete er eine kleine Verbeugung an.

Sie bat ihn herein.

Der Tisch war nur für drei Leute gedeckt.

Isabella bot ihm ein Glas Wein an. Er lehnte ab, wollte schnell zum Geschäft kommen.

»Du bist viel zu früh dran. Ich erwarte noch zwei Freunde. Sie bringen das Geld, verstehst du?«

Plötzlich blickte er sie weniger freundlich an. Sein misstrauischer Blick wanderte über die altmodischen Möbel in ihrer Wohnung.

»Du hast kein Geld!« Es klang mehr wie eine Feststellung als eine Frage.

»Ich bekomme gleich Geld, du musst nur ein bisschen warten.«

Schon seit Stunden sehnte sie sich nach einem Joint. Der ganze Scheißtag war mehr als anstrengend gewesen. Schön langsam wurde sie zu alt für diese Diebstouren. Das Telefonat mit der lebensüberdrüssigen und krankhaft schwatzsüchtigen Brigit hatte ihr dann noch den Rest gegeben.

»Dreh mir einen Joint, ich mache dir derweil einen Kaffee.«

»Aber den Joint zahlst du mir gleich.«

»Selbstverständlich. Wie viel?«

»Zehn Euro pro Gramm, wie immer. Und ich will den Zehner sofort, sonst lassen wir es bleiben.«

Isabella ging in die Küche, holte den letzten Zehner aus ihrer Zuckerdose und gab ihn Caspar.

»Mach schon«, sagte sie.

Er öffnete seinen Rucksack. Ihr Blick fiel auf unzählige Säckchen in den unterschiedlichsten Größen. Außer dem üblichen Afghanen, den sie meistens kaufte, schien er auch Crack, Koks und sogar Heroin dabeizuhaben. Was für eine Morgengabe!

Sie ging wieder in die Küche, stellte ihre große italienische Espressomaschine – ein Relikt aus guten alten Zeiten, als sie noch in Kaufhäusern klaute, bevor diese total videoüberwacht wurden – auf den Gasherd.

In ihrer Wohnung war es saukalt. Philip hatte versprochen, Heizöl von der Tankstelle auf der Rechten Wienzeile mitzubringen. Seit der letzten immensen Preissteigerung hatte sie nur selten Heizöl vorrätig. Meistens lief sie im Winter in ihrer Wohnung in einem warmen, schwarzen Daunenmantel, den ihr Brigit geschenkt hatte, herum.

Als sie die Espressomaschine ins Wohnzimmer brachte, zitterten ihre Hände. Sie hatte das stählerne Gerät mit einem alten Topflappen angefasst. Trotzdem verbrannte sie sich fast die Finger.

Caspar saß, die Stöpsel seines iPhones in den Ohren, mit dem Rücken zu ihr auf dem durchgelegenen Sofa. Auf dem alten Couchtisch lag ein dicker Joint.

Isabella wollte danach greifen, doch plötzlich wurde ihr schwarz vor den Augen. Sie befürchtete umzukippen, klammerte sich an die Lehne des monströsen Fernsehsessels ihres längst verstorbenen Vaters.

»Verzeih, mir ist schwindlig«, murmelte sie.

»Wo bleiben deine reichen Freunde? Ich lasse mich von dir nicht für blöd verkaufen, ich werde gehen«, sagte Caspar und traf Anstalten aufzustehen.

Sie rastete aus. Anstatt dem jungen Afrikaner den Kaffee einzugießen, schlug sie ihm die volle Espressomaschine auf den Hinterkopf. Der brühend heiße Kaffee breitete sich über seine kurzen Haare aus, rann über sein Gesicht.

Ein Schrei, der Tote hätte wecken können, entkam seinem Mund. Sein Körper begann zu zucken. Er sank aufs Sofa.

In diesem Moment läutete es an der Haustür.

»Scheiße!« Isabella erstarrte. Das war bestimmt Brigit. Sie war immer überpünktlich.

Dauerte es ein paar Minuten oder nur Sekunden, bis sie den jungen Schwarzen an den Beinen packte und vom Sofa zerrte? Der Bezug hatte einige Kaffeeflecken und vor allem Blutflecken abbekommen, was aber nicht auffiel, weil er ohnehin total versaut war.

Sie schleppte den leblosen Körper in ihr Schlafzimmer, verstaute ihn unter dem Doppelbett.

Zum Glück war Caspar kein großer Mann. Trotzdem leuchteten seine silberfarbenen Sportschuhe unter dem Bett hervor. Rasch zog sie ihm die Schuhe aus und warf sie in ihren Kleiderschrank.

Penetrantes Läuten. Brigit war eine hartnäckige Person.

Bevor Isabella in die Küche eilte und den Türöffner betätigte, stieg sie auf ihr Bett, drehte die Birne von der Deckenlampe heraus und ließ sie ebenfalls unter dem Bett verschwinden.

Brigit brachte zwei Flaschen Sekt und zwei Flaschen Wein mit, einen weißen und einen roten. Sie wirkte schon leicht beschwipst. Wahrscheinlich hatte sie vorge-glüht.

Wie eine Irre redete Sie auf Isabella ein, sprach nur Unsinn, wiederholte sich permanent, drohte mehrmals, sich umzubringen.

Isabella war mit ihren Gedanken natürlich ganz woanders. Sie war eine Mörderin, hatte gerade einen jungen, feschen Afrikaner ins Jenseits befördert! Eine merkwürdige Starre ergriff ihren Körper. Unfähig, sich zu bewegen, starrte sie ihre festlich herausgeputzte Freundin, an der alles glänzte, selbst die hochhackigen goldenen Schuhe, entgeistert an.

Plötzlich fiel ihr Blick auf Caspars Rucksack, der halb offen am Sofa lehnte.

Rasch dirigierte sie Brigit in die Küche, bat sie, ihr bei der Vorbereitung des Essens zu helfen. Während Brigit ihr erklärte, wie man den Lachs und den falschen Kaviar am besten drapierte, lief sie zurück ins Wohnzimmer, schnappte sich Caspars Rucksack und zog den Reißverschluss zu. Sie wollte ihn gerade ins Schlafzimmer bugsieren, als ihre Freundin auf der Türschwelle erschien.

»Was ist das für ein Rucksack? Der sieht ja richtig schick aus. Lass mal sehen.«

»Finger weg! Das geht dich nichts an«, fauchte Isabella, warf den prallen Sack ins Schlafzimmer und schloss rasch wieder die Tür.

Sie hätte ihre Freundin besser kennen müssen, denn nun bestand Brigit darauf, sich den Rucksack genauer anzusehen.

Isabella stellte sich mit gespreizten Beinen vor die Tür, streckte ihre Arme aus. Sie kam sich dabei total lächerlich vor.

Brigit begann tatsächlich zu lachen, versuchte, sie beiseitezuschieben: »Sei nicht so kindisch, zeig her.«

Buchstäblich in letzter Sekunde fiel Isabella, trotz ihrer Panik, eine geniale Ausrede ein: »Da sind die Geschenke für euch drin«, sagte sie mit gequältem Lächeln.

Geschafft! Auch Brigit lächelte nun und setzte sich auf das Sofa, genau auf den Platz, an dem Caspar gesessen war.

Isabella wurde übel. Die Blut- und Kaffeeflecken waren frisch, würden sicher Spuren auf dem cremefarbenen Cocktailkleid ihrer Freundin hinterlassen. Aber das ließ sich jetzt nicht mehr ändern.

Während Brigit eine der mitgebrachten Weinflaschen öffnete und sich ein Gläschen einschenkte, schnappte sich Isabella den Joint vom Couchtisch und ging in die Vorzimmerküche. Nach zwei tiefen Zügen, machte sie sich daran, den geklauten Räucherlachs aufzuschneiden. Selbst dem schwarzen Afghanen gelang es nicht, sie zu beruhigen. Ihre Nerven spielten nicht mehr mit. Ihre Hände zitterten so stark, dass sie sich in den linken Zeigefinger schnitt. Blut tropfte auf den Lachs. Sie unterdrückte einen Schrei, doch wie ein Echo ertönte der Schrei aus ihrem Wohnzimmer herüber.

»Igittigitt, was ist denn das? Mein Gott, das sieht ja aus wie Blut!«

Isabella stürzte ins Wohnzimmer.

Brigit stand neben dem Sofa, streckte ihr die blutverschmierten Hände entgegen.

»Verfluchte Scheiße«, schrie Isabella.

Verzweifelt suchte sie nach einer Erklärung für das frische Blut.

»Meine Katze ist gerade verreckt.«

»Seit wann hast du eine Katze?«

»Ich habe sie vor kurzem am Naschmarkt aufgelesen. Sie hinkte und tat mir so leid.«

»Du bist echt verrückt. Und was hast du mit dem Kadaver gemacht?«

»Hinunter in den Mistkübel gebracht.«

»Oder in diesen Rucksack gesteckt? Hier stinkt es.«

Brigit machte ein paar Schritte auf das Schlafzimmer zu.

Isabella versuchte sie zurückzuhalten, packte ihre Arme. Brigit war stärker als sie, schließlich besuchte sie zweimal in der Woche ein Fitnessstudio. Geschickt machte sie sich los und griff nach der Türklinke.

»Keinen Schritt weiter!« Isabellas Stimme war nahe am Kippen. »Du willst mir doch nicht den Heiligen Abend versauen.«

»Sehr witzig. Mein Kleid ist bereits total versaut. Du weißt, ich hasse es, wenn du mich belügst. Was ist in dem Rucksack? Woher hast du ihn?«

»Ich hab's dir doch gesagt, Geschenke für dich und Josef. Sobald er da ist, werden wir essen und nachher machen wir die Bescherung.«

Überraschenderweise begnügte sich Brigit mit dieser Erklärung, ging ins Badezimmer und versuchte, die Flecken aus ihrem Kleid zu entfernen.

»Hast du noch das schwarze Etuikleid, das ich dir letztes Jahr geschenkt habe? Ich muss mich umziehen«, rief sie. »So kann ich deinem Herrn Anwalt nicht gegenübertreten.«

Isabella ging rasch ins Schlafzimmer, öffnete den Kleiderschrank. Die silberfarbenen Turnschuhe fielen heraus.
Sie stopfte die monströsen Latschen wieder hinein. Fieber-
haft suchte sie das Kleid. Im Dunkeln war es nicht so leicht
zu finden, denn fast alle Klamotten in ihrem Schrank waren
schwarz.

»Warum hast du kein Licht im Schlafzimmer?« Brigit
stand plötzlich knapp hinter ihr.

»Die Birne ist kaputt.«

»Mein Gott, du bist wirklich eine Chaotin! Eine neue
Glühbirne wirst du dir wohl noch leisten können.«

»Momentan habe ich andere Sorgen«, murmelte Isabella.

»Was sind denn das für tolle Turnschuhe? Die hast du
sicher wieder irgendwo geklaut, oder?«

Die Straßenbeleuchtung und der Lichtschein aus dem
Wohnzimmer reichten aus, um die silbern leuchtenden
Schuhe unten im Schrank hervorblitzen zu sehen.

»Die sind für Josef, habe ich letztens in einem Outlet-
Center mitgehen lassen. – Hier ist dein Kleid. Hoffentlich
passt es dir noch.«

Obwohl Isabella am Rande eines Nervenzusammen-
bruchs stand, konnte sie sich diese boshafte Bemerkung
nicht verkneifen.

Brigit ignorierte die Anspielung auf ihr Übergewicht,
zog sich mit dem schwarzen Kleid ins Badezimmer
zurück.

Als sie wieder ins Wohnzimmer kam, hatte Isabella das
Sofa notdürftig gereinigt und eine alte Decke drübergelegt.

Brigit bevorzugte nun verständlicherweise den Vintage-Sessel aus den Fünfzigerjahren, den Isabella erst vor

kurzem bei einem Altwarenhändler geklaut hatte, der leichtsinnigerweise einige seiner Möbel auf den Gehsteig gestellt hatte.

In dem schwarzen Cocktailkleid bekam Brigit kaum Luft. Ihr Anblick erinnerte Isabella an eine verbrannte Blutwurst. Sie versuchte, ein Kichern zu unterdrücken.

»Was findest du so lustig?«, fuhr Brigit sie an.

»Nichts, nichts, ich finde, du siehst in deinem Kleid sehr sexy aus, und habe mir gerade vorgestellt, wie Philip dich lüstern anstarren wird.«

»Du weißt, er ist nicht mein Typ«, beteuerte Brigit. Sie wirkte jedoch sogleich etwas entspannter.

Als Isabella den Lachs und die beiden Döschen mit Ersatzkaviar und das Baguette ins Wohnzimmer brachte, läutete es wieder.

»Philip!«

Isabella empfing ihren alten Freund mit einer stürmischen Umarmung. Noch nie war sie so froh gewesen, ihn zu sehen. Er würde Brigit auf andere Gedanken bringen und sie daran hindern, weiter herumzuschnüffeln.

Philip brachte außer dem Heizöl einen Plastikweihnachtsbaum von einem chinesischen Billig-Blumenladen und einen Strauß roter Rosen für sie mit.

Der Anwalt sah trotz seines Alters heute verdammt gut aus, hatte sich für den Heiligen Abend richtig was angetan, war rasiert, beim Friseur gewesen und hatte einen halbwegs passablen dunkelblauen Anzug an. Zu seinem altrosa Hemd trug er eine witzige Donald-Duck-Krawatte. Außerdem war er ausnahmsweise einmal nüchtern. Keine wässrigen Augen, keine unklare Artikulation ...

Brigit machte sich sofort an ihn ran, tätschelte seine von Altersflecken übersäten Hände und redete auf ihn ein.

Isabella war überrascht, dass sie plötzlich so etwas wie Eifersucht verspürte.

Sie sehnte sich nach einem zweiten Joint und ging ins Schlafzimmer, während die beiden miteinander schäkerten.

Erschöpft ließ sie sich auf das Ehebett ihrer Eltern fallen, das jetzt ihr Bett war und unter dem sich ein toter Mann befand. Sie nahm ein Sackerl aus Caspars Rucksack, drehte sich noch einen Joint. Nach dem ersten Zug bereits fühlte sie sich ruhiger. Ihre Nervosität, ihre Schuldgefühle und ihre trüben Gedanken verflüchtigten sich mit jedem weiteren Zug. Wie in einem dichten Bühnennebel sah sie die Szene, in der sie Caspar erschlagen hatte, vor ihren Augen. Schemenhaft, ja beinahe unwirklich erschien ihr plötzlich alles. Es war nur ein böser Traum, dachte sie. Die Realität holte sie wieder ein, als sie ins Wohnzimmer zurückkehrte.

Philip blickte sie verzweifelt an, während Brigit seine Oberschenkel streichelte und ihm etwas ins Ohr flüsterte.

Isabella legte »Born to Be Wild« von den Steppenwolf auf und sang mit. Ihre Stimme war zwar nicht mehr die beste, aber für diesen Song reichte sie.

Philip schaute sie bewundernd an, machte sich von Brigit los, erhob sich und forderte Isabella auf, mit ihm zu tanzen.

Während sich die beiden in immer wilder werdenden Verrenkungen der Musik hingaben, saß Brigit in ihrem Blutwurst-Kleid mit übereinandergeschlagenen Beinen auf dem Vintage-Sessel, stopfte Lachs- und Kaviarbrötchen in sich hinein und schaute ihnen missmutig zu. Plötzlich sprang sie auf und ging ins Schlafzimmer.

Isabella hatte beim Tanzen die Augen geschlossen und bemerkte das Verschwinden ihrer Freundin zu spät.

»Was treibst du da?«, schrie sie, als Brigit ihnen den geöffneten Rucksack vor die Füße warf und sich die wertvollen Säckchen am abgetretenen Parkettboden ausbreiteten.

»Du rauschgiftsüchtiges Luder! Mir reicht's! Ich werde jetzt die Polizei rufen. Du bist eine Gefahr für die ganze Menschheit. Verscherbelst Drogen an Schulkinder, nehme ich an ...« Brigits Gesicht war hochrot angelaufen, ihre glasigen Augen funkelten wie die Sterne am weihnachtlichen Himmel.

Isabella und Philip starrten sie sprachlos an.

Isabella erholte sich als Erste von dem Schrecken. »Komm, beruhige dich. Das Zeug ist nur für mich bestimmt. Eigenbedarf, verstehst du?«

»Nein, ich verstehe nicht!«, schrie Brigit und griff nach ihrem Handy.

Die zweite Sektflasche, die Brigit mitgebracht hatte, stand ungeöffnet auf dem Couchtisch.

Lächelnd löste sich Isabella aus Philips Umarmung, griff nach der Flasche und schlug sie ihrer Freundin über den Schädel.

Entsetzt schaute Philip abwechselnd Isabella und Brigit an, der das prickelnde Gesöff übers Gesicht lief, als sie wie in Zeitlupe zu Boden sank.

Sektflaschen sind weniger effektvoll als Espressomaschinen, dachte Isabella beim Anblick ihrer stöhnenden Freundin, die jetzt zappelnd auf ihrem abgetretenen Parkettboden lag.

»Magst du einen Joint«, fragte sie Philip.

Langsam wich das Entsetzen aus seinen Augen. Ein Lächeln erschien auf seinen Lippen.

»Gerne«, sagte er. »Aber sollten wir nicht die Rettung rufen? Sie muss ins Krankenhaus.«

»Am Heiligen Abend? Da sind auch in den Spitälern alle besoffen. Sie wollte ohnehin nicht alt werden, hat andauernd davon geredet, sich umzubringen. Im Grunde habe ich ihr einen Gefallen getan. Lassen wir sie in Schönheit sterben. Obwohl, schön fand ich Brigit noch nie. Oder bist du anderer Meinung?«

Philip beantwortete diese alles entscheidende Frage in ihrem Sinne: »Sie war nie mein Typ, ist viel zu fett.«

»Anscheinend will sie aber noch nicht sterben. Sollen wir ihr eine Überdosis verpassen? Ich habe genügend Stoff ...«

»Keine schlechte Idee! Sie bekommt den goldenen Schuss verpasst und dann werfen wir sie in den Wienfluss. Eine einsame alte Frau mehr, die Weihnachten nicht überlebt hat.«

Isabella liebte seinen Sarkasmus.

»Ich habe ihren Wohnungsschlüssel. Wir brauchen nichts zu riskieren, schleppen sie einfach zurück in ihre Wohnung, legen sie auf die Couch und schalten den Fernseher ein. Es wird Tage dauern, bis man sie findet. Ich befürchte, dass sie nicht viel Bargeld zuhause herumliegen hat, aber einige ihrer Antiquitäten oder ihren Schmuck könnten wir sicher verscherbeln.«

»Du bist unglaublich!« Philip nahm sie in die Arme und küsste sie.

Isabella machte sich von ihm los. »Hilf mir lieber, sie in den Sessel zu setzen, damit wir ihren Arm leichter abbinden können ...«

»Okay, okay«, unterbrach Philip sie und fasste Brigit unter den Achseln.

»Verdammt, ist die schwer!«

Brigits rechte Hand traf seine Wange. Erschrocken ließ er sie wieder zu Boden gleiten.

»Mach schon, Philip! Ich will nicht, dass sie so lange leiden muss. Schließlich ist sie meine beste Freundin«, feuerte Isabella ihn an.

Er schaute ziemlich unsicher drein und rieb sich seine gerötete Wange.

Isabella blieb nichts anderes übrig, als selbst mitanzufassen. Zu zweit schafften sie es schließlich, die halbtote Brigit in den Vintage-Stuhl zu verfrachten.

»Übrigens werden wir beide demnächst richtig Kohle machen. Ich habe heute wertvolle Gaben von einem der Heiligen Drei Könige bekommen.« Sie deutete auf die Säckchen am Boden.

Philip war es nicht vergönnt, sich lange an dem Anblick all dieser Schätze zu erfreuen. Isabella reichte ihm sogleich ein Päckchen Heroin und warf einen Blick auf Brigit, die leise vor sich hin röchelte. Das enge schwarze Kleid war hochgerutscht, entblößte ihre dicken Schenkel. Ihre Arme hingen schlapp an den Sessellehnen herab.

»Bitte erledige du das, ich kann nicht mehr!«, seufzte Isabella. »Die Spritze und alles andere, was du benötigst, findest du in der untersten Schublade meines Küchenkastls.«

Während Philip ihre Freundin ins Jenseits beförderte, drehte sie sich einen dritten Joint.

Danach zeigte sie ihm den toten Schwarzen unter ihrem Bett.

»Leider müssen wir noch eine zweite Leiche entsorgen, aber das wird dir hoffentlich nichts ausmachen. Am besten wir bringen ihn auch in ihre Wohnung. Damit würden wir den Bullen die Arbeit erleichtern. Eine tödliche Auseinandersetzung zwischen einem Dealer und einer seiner Kundinnen ... Die alte Kaffeemaschine und die Scherben von der zweiten Sektflasche müssen wir auch mitnehmen. Wir dürfen jetzt ja keinen Fehler machen«, nuschelte sie. Die Haschzigarette hing lässig in ihrem linken Mundwinkel.

»Don't bogart that joint my friend«, sagte Philip und griff nach dem dicken Glimmstängel.

Felix

Das Fest der Liebe

»Rums!! – Da geht die Pfeife los
Mit Getöse, schrecklich groß.
Kaffeetopf und Wasserglas,
Tobakdose, Tintenfaß,
Ofen, Tisch und Sorgensitz –
Alles fliegt im Pulverblitz. –«

Wilhelm Busch

Mama ist eine frustrierte alternative Hausfrau, Papa ein arroganter oberflächlicher Werbefuzzi. Sie haben erst spät geheiratet. Mama war schon ziemlich alt, als sie mit mir schwanger wurde, und Felix war dann sowieso ein Unfall in der Menopause.

Meine Oma ist eine dumme, fette, alte Schachtel, mein Opa ein unverbesserlicher HJ-Führer. Aber das größte Scheusal der Familie ist mein kleiner Bruder Felix. Nicht einmal die schlimmsten meiner Feinde sind auch nur halb so ekelhaft wie er.

Sie nennen mich Joe. Ich bin vor kurzem vierzehn geworden und vom Gesetz her gezwungen, noch ein paar Jährchen in diesem Irrenhaus auszuharren.

Vor einem Jahr sind wir in diese alte Bruchbude im Wienerwald gezogen. »Herrschaftsvilla im Grünen, absolute Ruhelage, günstige Miete.« Das Dach war undicht, die Gasheizung defekt. Alle Leitungen und Installationen sind schrottreif. In der Küche behelfen wir uns mit einem »umweltfreundlichen« Kohleofen. Wohn- und Schlafzimmer werden mit weniger umweltfreundlichen elektrischen Radiatoren beheizt. Da es kein ordentliches Badezimmer gegeben hat, haben sie ein Badehäuschen im Garten errichten lassen. Später soll noch ein Pool dazukommen.

Papa findet dieses Chaos sehr romantisch. Er ist fast nie zu Hause. Normalerweise verlässt er uns um sieben Uhr morgens und kehrt erst knapp vor Mitternacht zurück. Gerade vor Weihnachten macht er jede Menge Überstunden, und abends muss er sich dann mit seinen Mitarbeiterinnen in den Bars der Innenstadt entspannen. Zumindest hat Mama das mal behauptet.

Ich vermisse unsere Stadtwohnung. Wir leben hier völlig isoliert. Manchmal komme ich mir wie in einem Gefängnis vor. Die Fenster im Erdgeschoß sind vergittert und das nächste Haus ist kilometerweit entfernt.

Seit wir im Grünen wohnen, hat Mama ihre Liebe zur Natur entdeckt. Sie ist eine sehr anpassungsfähige Frau. Vor allem passt sie sich den Launen meines Herrn Papa an. Vielleicht hat er sie auch deswegen geheiratet.

»Wir sollten endlich naturverbundener leben und unsere Ernährung umstellen ...«, hatte Papa gemeint.

Von einem Tag auf den anderen begeisterte sich Mama für gesunde Küche und biologisch-dynamischen Gartenbau.

»Joe, du hast heute Morgen dein Glas frischgepressten Karottensaft schon wieder nicht getrunken!«

Dem Philodendron bekommt das Säftchen viel besser. Ich befürchte nur, dass demnächst süße kleine gelbe Rüben aus der Hydrokultur sprießen werden.

Aber verglichen damit, was sich seit vier Wochen bei uns abspielt, ist ihr Bio-Tick völlig harmlos. Seit Anfang Dezember ist der Teufel los. Nach den Aktivitäten meiner Mama kann man die Uhr richten. Exakt am Ersten begann ihre manische Phase.

Papa hat ihr vor einigen Jahren mit dem Computer einen Weihnachtsvorbereitungs-Fahrplan erstellt. Sie hält sich jedoch nie daran. Jedes Jahr macht sie einen neuen Plan und stößt ihn nach spätestens drei Tagen wieder um. Mit dem Weihnachtsputz ist sie noch immer nicht fertig, obwohl sie täglich mit dem Staubsauger treppauf, treppab rennt. Und die Geschenke wollte sie bereits in der ersten Adventwoche besorgen. Angeblich sind da die Geschäfte nicht so voll, die Verkäuferinnen freundlicher und die Sachen billiger als kurz vor den Feiertagen. Ich verrate kein großes Geheimnis, wenn ich jetzt, am Nachmittag des Heiligen Abend, ganz nüchtern feststelle, dass sie für Papa und Opa noch immer kein Geschenk gekauft hat. Ich habe gestern, als sie in ihrer Meditationsstunde war, die Schlafzimmerkästen inspiziert. Sie versteckt die Geschenke jedes Jahr in den Schränken im Schlafzimmer. Eingepackt hat sie auch noch nichts. Vielleicht gibt es heuer Geschenke ohne Verpackung? Die Mülltrennung funktioniert hier draußen ohnehin nicht.

Für mich hat sie einen rosa Skianzug erstanden. Ich hasse Rosa, und Skifahren hasse ich auch. Sport ist Mord! Werde wohl kurz vor dem Schulskikurs an einer schweren Grippe erkranken müssen.

Wozu mache ich mir jetzt schon Sorgen? Der Skikurs ist erst in der letzten Jännerwoche, und bis dahin werde ich hoffentlich alle Sorgen los sein.

Auf ihre Meditationsstunde will Mama selbst im vorweihnachtlichen Totalstress nicht verzichten. Die Feldenkrais-Seminare und die Jazzgymnastik oder den Öko-Kochkurs lässt sie schon mal sausen, aber ohne ihre Meditationsstunde würde sie garantiert zusammenbrechen. Papa macht hin und wieder blöde Bemerkungen über ihren hübschen, jungen Meditationstrainer. Er sollte besser den Mund halte, sonst erzähle ich der Mama, dass ich ihn am dritten Adventsonntag mit seiner Assistentin im Kino gesehen habe – händchenhaltend. Sie saßen nur drei Reihen vor mir. Wenn ich sagen würde, sie benahmen sich wie pubertierende Vierzehnjährige, so wäre das eine schwere Beleidigung meiner Altersgenossen.

Mein Herr Papa macht zu Hause keinen Handgriff. Sein Job in der Werbebranche nimmt ihn sehr mit. Nach seiner Alkoholfahne beim Frühstück zu schließen, torkelt er von einer Weihnachtsfeier zur anderen.

Mama erwartet, dass wenigstens wir ihr helfen.

Im ganzen Haus riecht es verdächtig nach Weihnachten. Die große Tanne im Wohnzimmer reicht fast bis an die Zimmerdecke. Ein schöner, gerade gewachsener Baum mit kräftigen Zweigen. Ich gieße heuer die Christbaumkerzen selbst. Natürlich sind die Kerzen aus echtem Bienenwachs.

Mama blockiert mit Vollkornkeksen und Sesamkipferln das Backrohr. Kein Mensch, außer vielleicht Allesfresser Felix, mag ihre staubtrockene Bäckerei. Oma wird sowieso wieder kiloweise Vanillekipferl und ordinäre Weihnachtskekse anschleppen – gebacken von ihrer Putzfrau. Oma bäckt längst nicht mehr selbst. Papa und Felix tragen alljährlich harte Kämpfe um Omas Putzfrauenkekse aus. Ich werde mich standhaft weigern, dieses köstliche Backwerk auch nur anzurühren. Essen ist nicht nur Omas Lieblingsbeschäftigung, sie versucht auch alle anderen zum Essen zu zwingen.

»Du musst ordentlich essen, Joe. Männer mögen keine Bohnenstangen.« Und ich mag keine Männer, Frauen übrigens auch nicht.

In letzter Zeit bin ich ziemlich in die Höhe geschossen. Auf Mama kann ich bereits hinunterschauen, und zu Papas Scheitel fehlen mir nur mehr wenige Zentimeter. Ich habe aber kaum zugenommen. Zum ersten Mal in meinem Leben bin ich mit meinem Äußeren halbwegs zufrieden. Opa kann ruhig seine Biafra-Kinder-Witze reißen.

Mein scheinheiliger kleiner Bruder hilft heuer bei den Weihnachtsvorbereitungen fleißig mit. Er frisst die warmen Kekse vom Blech, obwohl er ohnehin zu fett ist, und hält Mama auf Trab, indem er ständig ein und aus rennt. Der Regen hat unseren Garten in ein Schlammbad verwandelt. Sie kommt mit dem Aufwaschen im Haus nicht mehr nach. Außerdem sorgt er mit meinem alten Ghettoblaster für die passende besinnliche Vorweihnachtsstimmung. Zum Glück spielt er wenigstens meine CDs. Nichts gegen Justin Timberlake, aber Amy Winehouse und vor allem Die Ärzte höre ich lieber. Und wenn ihr Schnurzelchen Felix sie spielt, regt sich Mama nicht über diesen scheußlichen Krach auf. Sie steht nach wie vor auf die »99 Luftballons« von Nena. Igitt, igitt!

Ich sperre mich nach der Schule immer in Papas Hobbykeller ein, um vor meinem unausstehlichen Bruderherz sicher zu sein. Der Keller ist nicht beheizbar. Nicht, dass dies einen besonders großen Unterschied machen würde. Auch die Zimmertemperaturen liegen im Schnitt nicht über siebzehn Grad. Mama behauptet, in kühlen Räumen würde man einen kühlen Kopf behalten.

Ich wärme mich im Keller mit Red Bulls und Papas Zigaretten. Seit sich Mama für gesundes Leben entschieden hat, darf er nur mehr im Keller rauchen.

Ich bin für den Aufputz des Christbaums zuständig. Und zum ersten Mal macht mir dieser Job richtig Spaß. Ärgerte sich Mama letztes Jahr noch, weil ich bis zum Morgen des Heiligen Abends keinen Finger gerührt habe, so verliert sie heuer kein Wort darüber – natürlich auch kein Wort der Anerkennung –, wenn ich bis Mitternacht frierend im Hobbykeller hocke und meiner Kreativität freien Lauf lasse.

Anfangs kontrollierte sie, misstrauisch, wie sie nun einmal ist, ob ich mich tatsächlich mit dem Baumschmuck beschäftigte. Dann sprach ich ein ernstes Wort mit Papa. Er gab mir den Schlüssel für sein heiliges Reich und ersuchte die Mama auf seine charmante Art, mich bei der Arbeit nicht mehr zu stören.

»Lass Joe in Frieden. Sei froh, dass das Kind endlich mal etwas Sinnvolles macht.«

Obwohl mir auch Papas Geschwätz gehörig auf den Wecker geht, kann ich mit ihm doch besser als mit Mama. Eigentlich kann ich mit ihr überhaupt nicht. Zwischen uns liegen Welten. Obwohl sie »erst« Anfang fünfzig ist, scheint sie genauso alt zu sein wie ihre Eltern. Wahrscheinlich ist sie schon als alte Frau auf die Welt gekommen. Dabei sieht sie ganz normal aus, ich meine, wie eine Fünfzigjährige eben aussieht. In letzter Zeit kleidet sie sich jedoch ein bisschen komisch. Anscheinend holt sie, mit etwas Verspätung, die Hippiezeit nach. Früher, als Papa noch mit Zöpfchen, Schnurrbart und ausgeleiertem T-Shirt herumlief, sah sie eher aus wie seine Mutter. Seit er seine Liebe zu Designerklamotten, Kurzhaarfrisur und Dreitagebart entdeckt hat, trägt sie weite, lange Röcke und geblümte Blusen, färbt ihr ursprünglich dunkelbraunes Haar mit Henna rot und lässt sich alle drei Monate von einem Promi-Coiffeur im ersten Bezirk einen Afrolook verpassen. Angeblich hat sich der gute Karli gestern geweigert, ihr altmodisches Outfit aufzufrischen. Er ist eben sehr bedacht auf seinen guten Ruf. Mama kam mit dezenten graublonden Strähnen heim und war schwer deprimiert. Mich hat sie übrigens auch einmal zu diesem Karli geschickt. Einmal und nie wieder! Die Antipathie war gegenseitig. Seit ich selbst für mein Aussehen verantwortlich bin, trage ich mein Haar extrem kurz.

Ehrlich gesagt bin ich aber heute ebenso frustriert und nervös wie Mama. Ich werde es wohl bis neunzehn Uhr nicht mehr schaffen. Zwei ganze Stunden habe ich noch Zeit. Der Countdown läuft unerbittlich.

Seit Tagen versuche ich die Weihnachtskrippe zu präparieren. Gerade habe ich das rote Lämpchen, das eigentlich zum Lagerfeuer der Hirten gehört, unter der Krippe des Jesuskindes montiert. Es sah aus, als würden sie den kleinen Wunderknaben rösten. Zum Schieflachen, wenn die ganze Sache nicht so ernst wäre.

Für alles gibt es Bücher und Gebrauchsanweisungen. Nur ein Buch mit dem Titel »Wie entledige ich mich meiner Familie?« habe ich nicht gefunden.

Ich will später Chemie studieren. Madame Curie ist mein großes Vorbild. Aber wenn ich mich weiterhin so ungeschickt anstelle, werde ich wohl auch als blöde Hausfrau und Mutter enden.

Mama drohte nicht nur einmal, mich nach der Fünften aus dem Gymnasium zu nehmen und in ein Büro zu stecken. Meine schulischen Leistungen lassen zu wünschen übrig. Ich bin ins letzte Drittel abgerutscht, werde von den Lehrern genauso schlecht behandelt wie die Repetenten. Anscheinend habe ich den Schulwechsel nicht verkraftet. Eine Asphaltpflanze wie ich muss sich notgedrungen mit diesen zurückgebliebenen Provinzlern hier draußen im Wienerwald zu Tode langweilen. In meiner Klasse sitzen nur naive, dumme Gänschen, und mit den Buben kann ich erst recht nichts anfangen. Mir liegt eben dieser derbe, ländliche Typ nicht.

Ekel Felix knallt seine kleinen Fäuste gegen die Kellertür. Zum zwölften Mal am heutigen Nachmittag. Ich habe mitgezählt. Er schreit und heult vor Wut, aber ich lasse ihn nicht rein. Bestimmt sieht sein Gesicht wie ein knallroter, bis zum Platzen aufgeblasener Luftballon aus. Sein Kopf ist viel zu groß für seinen kleinen Körper. Manchmal nenne ich ihn »Zwerg Nase«, meistens mache ich mir jedoch nicht einmal die Mühe, ihn zu ärgern.

»Du sollst endlich den Christbaum fertigmachen, und ich darf dir helfen, hat die Mama gesagt.«

»Hilf lieber der Mama«, brülle ich zurück und hoffe, dass er mir ausnahmsweise einmal folgt.

Sie ist beim Kochen immer schrecklich nervös. Ihr geliebtes Mäuseschwänzchen wird ihr den letzten Nerv ziehen, wenn es ihr in der Küche Gesellschaft leistet.

Seit zwei Tagen hängt in unserer Küche eine erwürgte Pekingente. Mama hat sie massiert und mit der Fahrradpumpe aufgeblasen, damit die Haut schön knusprig wird. Dazu gibt es die unvermeidlichen Dinkellaibchen, Karotten- und Selleriesalat, Biokartoffeln aus unserem Garten und schmutzig-braunen Vollkornreis.

Zum Glück habe ich mich heute Vormittag, während sie auf der Mariahilfer Straße die letzten Einkäufe erledigte, mit zwei Big Macs gestärkt. Und sie natürlich nachher in einer Gasse ums Eck gleich wieder ausgekotzt.

Meine Frau Mama gibt mir höchstpersönlich die Ehre. »Wenn du nicht sofort raufkommst, setzt es was!« Den Befehlston hat sie von ihrem Vater. Er war, wie gesagt, bei der Hitlerjugend und schwärmt bis heute vom Führer.

Ich gebe mich geschlagen, verstecke das Dynamitstangerl in Papas Werkzeugkasten und verschiebe das Drama aufs nächste Jahr.

Deprimiert verlasse ich meinen geliebten Keller und schmücke den blöden Christbaum mit roten Kugeln und selbstgebastelten Engelchen.

Die Weihnachtskrippe stelle ich auf das kleine Tischchen an der Wand, um den hässlichen Gasanschluss zu verdecken.

Die zündenden Ideen kommen einem immer in letzter Sekunde.

Um Felix loszuwerden, gebe ich ihm den Kellerschlüssel und bitte ihn, die Strohsterne zu holen. Ich weiß, wie scharf er darauf ist, im Keller herumzuschnüffeln.

Der alte Gashahn hinter dem kleinen Beistelltisch im Wohnzimmer ist von Mamas Putzfimmel verschont geblieben. Er ist total verstaubt, und er klemmt. Ich nehme mir vom festlich gedeckten Esstisch eine weiße Stoffserviette und schaffe es schließlich, ihn aufzukriegen.

Mamas Schritte nähern sich. Rasch werfe ich die Serviette zurück auf den Tisch und kümmere mich wieder um die Krippe.

»Was hast du mit dem Gedeck angestellt!«

Sie haut mir die nicht mehr ganz so weiße Stoffserviette um die Ohren.

Zum Glück läutet es gerade an der Tür.

Die Oldies – eine Stunde zu früh, wie immer.

Felix läuft ins Vorzimmer. »Omilein«, kreischt das abgebrühte kleine Luder.

Auch ich werde mit Küsschen links und Küsschen rechts begrüßt. Dann setzen sich die Alten in die beiden Lederfauteuils. Ich hoffe, sie werden den Rest des Abends mit ihren dicken Hintern darauf kleben bleiben.

Zum Glück sind Papas Eltern längst tot. Großeltern in zweifacher Ausführung – eine Horrorvorstellung!

Mama rennt hektisch zwischen Küche und Wohnzimmer hin und her. Papa schenkt Champagner ein, echt französischen und garantiert aus biologischem Anbau. Felix macht sich an den Päckchen zu schaffen. Oma ermahnt ihn, sich brav hinzusetzen und die Geschenke in Frieden zu lassen.

Er scheint schwerhörig zu sein. Opa brüllt ihn an. Nicht gewöhnt an diesen Ton, erstarrt mein süßer kleiner Bruder zur Salzsäule. Er könnte einem fast leidtun.

Der Herr HJ-Führer wird uns bestimmt auch heute wieder mit seinen Heldentaten aus den letzten Kriegstagen beglücken. Wir kennen seine Gräuelgeschichten bereits auswendig. Aber keiner wagt, ihn zu bremsen.

Papa war beim Zivildienst. Dieser »Wehrdienstverweigerer« und »Drückeberger« hat aber viel zu viel Schiss vor seinem lieben Schwiegervater. Schließlich ist er bis heute finanziell von ihm abhängig.

Meine Großeltern besitzen ein Möbelhaus in der Stadt. Unsere hässlichen Möbel verdanken wir ihnen. Wie fast alle reichen Leute, sind sie sehr geizig. Nur Mama und Felix verstehen es, ihnen hin und wieder etwas Kleingeld rauszulocken.

»Weihnachten ohne Schnee ist kein richtiges Weihnachten«, sagt die Oma, und dann muss ich mir zum hundertsten Mal anhören, wie romantisch und idyllisch dieses schönste Fest des Jahres in ihrer Kindheit, das heißt in der Nazizeit, war, obwohl sie damals fast nichts zum Essen hatten.

Meine Oma ist eine Dauerrednerin. Sie funktioniert wie ein Automat: Kaum wirft man eine Münze rein, schon beginnt sie mit aufgeregter Stimme und in ständig ansteigendem Tonfall zu reden. Meistens quatschen diese beiden senilen Idioten im Duett. Opa schwärmt vom Zweiten Weltkrieg, Oma redet vom Essen.

Alle außer Opa, der eingenickt ist, bemitleiden plötzlich Felix, der bei diesen fürchterlichen Regenfällen nicht draußen spielen kann.

»Der arme Bub, kein Wunder, dass er so wild ist ..., den ganzen Tag im Haus eingesperrt ...«, säuselt die Oma.

Keiner hat Mitleid mit mir. Obwohl ich die einzig wirklich Leidtragende bin. Denn wenn Felix fad ist, sekkiert er mich pausenlos. Ich darf ihn nicht schlagen. Offiziell werden wir beide ja ohne Prügel erzogen. Aber wenn keiner von den Alten in der Nähe ist, verpasse ich ihm schon manchmal eine Watschen. Natürlich läuft er dann gleich heulend zur Mama und ich bekomme die Schläge doppelt und dreifach zurück. Antiautoritäre Erziehung nennt Papa das.

Felix ist Mamas Goldstück, ihr Pimmelchen, ihr Leckermäulchen. Außerdem hält sie ihn für ein kleines Genie. Sie ließ ihn letzten September einschulen, obwohl er erst im Oktober sechs geworden ist. Altklug und vorlaut, lautete das sachliche und nüchterne Resümee seiner Lehrerin, nachdem sie ihn ein paar Monate genossen hatte. Seit dem Elternsprechtag überlegt Mama ernsthaft, ihn dem negativen Einfluss dieser »stumpfsinnigen Person« zu entziehen und in eine Waldorfschule zu stecken. »Wenn die Anthroposophen nur nicht so weit weg wären ...« Mama zerrt ihn auch dauernd auf ihren Schoß und knutscht ihn ab, obwohl er ja längst kein Baby mehr ist. Ich finde ihr Getue zum Kotzen.

Ich bin Nobodys Darling und ehrlich gesagt auch froh darüber. Papa hasst mich, weil er wegen mir diese langweilige Ziege heiraten musste. Im Grunde interessiert er sich aber nicht für mich. Mama hasst mich, weil ich ein Mädchen bin und viel klüger als sie. Oma und Opa lieben nur sich selbst und ihr Geld.

Nachdem ich mit dem Aufputzen des Christbaums endlich fertig bin, lasse ich die heilige Familie allein und ziehe mich ins elterliche Bad im Gartenhäuschen zurück. Ich muss mir mit Felix Klo und Dusche im ersten Stock teilen. Da diese Dusche meistens nur eiskaltes Wasser ausspuckt, dürfen wir im Winter gnädigerweise das neue Bad unserer Eltern mitbenützen.

Ich lasse die Wanne volllaufen und streue drei Esslöffel von Mamas beruhigenden Lindenblüten ins heiße Wasser.

Zehn Minuten vor sieben Uhr klopft Papa an die Badezimmertür. Leider lässt sich die Tür nicht absperren. Ich habe mir ausgebeten, dass die liebe Familie nicht mehr einfach ins Bad reinplatzt, wenn ich drinnen bin. Mein psychologisch geschulter Herr Papa hält sich meistens auch daran. Aber Mama spioniert mir selbst im Bad nach, versucht, mich dabei zu ertappen, wie ich ihre Naturkosmetika ausprobiere. Sogar auf dem Klo lässt sie mich nicht in Ruhe. Schließlich muss sie ja kontrollieren, ob ich mir nach dem Essen nicht die Finger in den Hals stecke. Eine völlig überflüssige Maßnahme. Seit sie nahrhafte Vollkornkost kocht, habe ich mich zuhause nicht mehr freiwillig überfressen.

»Beeil dich gefälligst, um Punkt sieben beginnt die Bescherung!«

»Ich komme gleich, Papi.«

»Du kommst sofort, sonst mache ich dir Beine.«

Fünf Minuten später reißt Felix die Badezimmertür auf und schreit fast so laut wie sonst nur unser Opa: »Ätsch, wir werden ohne dich anfangen. Sie singen schon ‚Oh Tannenbaum‘, und Papa zündet gleich die Kerzen am Baum an.«

»Hau ab!«

Er bleibt in der Tür stehen, starrt mich ungeniert an und stellt befriedigt fest: »Du hast ja noch gar keinen Busen.«

Ich werfe ihm den Schwamm ins Gesicht. Wütend knallt er die Badezimmertür hinter sich zu und stürzt sich auf mich. Ich zerre den kleinen Dickwanst zu mir in die Wanne und drücke seinen Kopf unter Wasser. Erst nachdem er ge-

nügend beruhigende Lindenblüten geschluckt hat, lasse ich
ihn los. Prustend taucht das kleine Ungeheuer wieder auf.

> *»Rums!! – Da geht die Heizung los*
> *Mit Getöse schrecklich groß.*
> *Weihnachtsbaum und Federvieh,*
> *Dinkellaibchen, Sellerie,*
> *Krippe, Tisch, Champagnerflasche –*
> *Alles liegt in Schutt und Asche. –«*

Die Erschütterung, als das alte Haus samt dem von mir
wunderschön geschmückten Christbaum in die Luft fliegt,
erfasst auch das Badehäuschen. Die Wände beginnen zu zittern. Zum Glück stürzt es nicht ein. Felix brüllt jedoch wie
am Spieß.

Ein hysterisches Kleinkind kann ich jetzt am allerwe-
nigsten brauchen. Ich nehme das arme Waisenkind in die
Arme und erkläre ihm, dass das Christkind gerade unsere
lieben Eltern sowie Omi und Opi zu sich geholt hat und sie
jetzt Engelchen seien. Als ich aus der Ferne das Geräusch von
Sirenen höre, bringe ich meinem ekelhaften kleinen Bruder,
der jetzt ganz vergnügt mit mir in der Wanne planscht, ein
lustiges Gedichtlein bei:

> *»Advent, Advent, ein Lichtlein brennt,*
> *bald brennen zwei, bald drei, dann vier,*
> *und schon steht die Feuerwehr vor der Tür.«*

Reise nach Marrakesch

Das Flüstern des Morgengrauens

Weihnachten im Maghreb. Das hatte sehr verlockend geklungen. Seit Stefan am postmodernen Flughafen von Marrakesch den Flieger verlassen hatte, hielt er es für keine so gute Idee mehr, die Feiertage in Marokko zu verbringen.

All das Tohuwabohu am Aeroport Marrakech-Menara, die lange Schlange vor der Passkontrolle und die Feilscherei mit den Taxifahrern, die horrende Preise für die kurze Fahrt in die Stadt verlangten, waren ihm zuwider. Er hasste es zu feilschen, schaffte es mit Müh und Not, einen der Fahrer auf zwanzig Euro herunterzuhandeln, obwohl sein Freund Michael gesagt hatte, das ein Taxi vom Flughafen in die Stadt höchstens zehn Euro kosten dürfe.

Stefan hatte sich von Michael dazu überreden lassen, die schlimmste Zeit des Jahres in Marokko zu verbringen. Sein Freund war Maler. Auf seine alten Tage hatte er sich als schwul geoutet. Er lebte nun mit einem jungen Marokkaner zusammen in Essaouira, einer Hafenstadt am Atlantik, in der Nähe von Diabat, wo Jimmy Hendrix einige Zeit verbracht hatte.

Michael liebte es, den großzügigen Gastgeber zu spielen. Bestimmt hatte er auch andere Leute eingeladen. Stefan war sich nicht sicher, ob er ihn besuchen würde. Seit er wusste, dass Michael schwul war, fühlte er sich in seiner Gesellschaft und vor allem in der Gesellschaft seiner neuen Freunde ein wenig unbehaglich.

Michaels Einladung, die ganze Zeit bei ihm in seinem Riad zu wohnen, hatte er abgelehnt. Michaels ständige Fröhlichkeit, sein »Don't worry, be happy«-Getue ging ihm schwer auf den Keks. Allerdings hatte er versprochen, zu Silvester bei ihm vorbeizuschauen. Vorher wollte er das geheimnisvolle Marrakesch sehen und die Stimmen von Marrakesch hören.

Im Taxi gewann er einen ersten Eindruck von dieser Millionenstadt, über der eine dicke Smogwolke hing. Nichts als Lärm und fürchterlicher Gestank nach Abgasen, der ihm den Atem raubte. Alle Fenster des Taxis waren offen. Es zog wie in einem Vogelhaus. Seine Versuche, den Fahrer auf Französisch dazu zu bewegen, die Fenster wenigstens auf einer Seite zu schließen, waren vergeblich. Der Typ fuhr noch dazu wie ein Verrückter, überholte fast jeden Wagen, hupte permanent und überschritt sämtliche Geschwindigkeitsbeschränkungen.

Die Sonne schien, die Außentemperatur bewegte sich um die achtundzwanzig Grad, wie er einer digitalen Anzeige am Straßenrand entnahm. So wie viele Schriftsteller hasste er die Hitze. An heißen Tagen konnte man unmöglich schreiben.

Was für eine Schnapsidee, sich von seinem ehemaligen Jugendfreund dazu überreden zu lassen, heuer Weihnachten und Silvester in Marokko zu verbringen! Ein bisschen Morgenlandluft schnuppern würde ihn sofort von seiner Schreibhemmung befreien, hatte Michael gemeint. Und er hatte ihm geglaubt.

Die modernen Vororte, die erst vor kurzem aus dem Wüstenboden gestampft worden waren, interessierten ihn ebenso wenig wie das mondäne Viertel Hivernage mit den luxuriösen Villen, die man hinter den hohen Mauern oder begrünten Zäunen nur erahnen konnte. Die Rolling Stones hatten auf ihren Trips nach Marrakesch meist hier genächtigt, erklärte ihm sein Fahrer, während er mit achtzig Sachen einen schwarzen SUV schnitt. Der alte kleine Ford klapperte so laut, dass Stefan fürchtete, er werde jeden Moment in tausend Teile zerfallen.

Marrakesch, die Stadt mit ihren rosafarbenen Mauern aus gestampftem Lehm, den mit violetten Bougainvilleen bedeckten Häuserwänden und all den Orangenbäumen in den Vorgärten, konnte ihm gestohlen bleiben, das war ihm bereits nach der ersten halben Stunde in dieser Märchenstadt klar. Nicht einmal die verschneiten Gipfel des Hohen Atlas unter dem leuchtend blauen Himmel, die Michael so faszinierten, begeisterten ihn. Stefan war zwar ein leidenschaftlicher Berggeher, der die Einsamkeit in den österreichischen Alpen liebte, doch diese Postkartenidylle hier war ihm nicht geheuer. Das orientalische Tingeltangel, das er dann auf der kurzen Fahrt in die Medina mitbekam, erfreute vielleicht die kindliche Seele seines schwulen Freundes, aber einen gestandenen Mann und ernsthaften Autor wie ihn stieß es eher ab.

Das kleine Riad-Hotel, das ihm Michael empfohlen hatte, befand sich in einer düsteren, schmutzigen Gasse, unweit des Djemaa el Fna, der Grande Place, wie die Franzosen diesen riesigen Marktplatz nannten. Der Fahrer konnte nicht bis zum Haus vorfahren. Mehrere Gepäckträger mit ihren verdreckten Karren stürzten sich auf Stefan, als er aus dem Taxi stieg.

45

Da er keine Lust hatte, seinen schweren Koffer selber hinter sich herzuziehen, nahm er das billigste Angebot an, ohne den alten Mann weiter herunterzuhandeln.

Als sich herausstellte, dass es nur zehn Meter bis zu seinem Hotel waren, verfluchte er seine Kurzsichtigkeit oder, besser gesagt, seine Eitelkeit. Hätte er seine Brille aufgesetzt, würde er vielleicht das kleine Schild des Hotels gesehen haben. Wieder fünf Euro in den Wind gesetzt. Diese Reise begann ja bestens!

Anstatt des Doppelzimmers mit Terrasse und Ausblick, das er übers Internet gebucht hatte, bekam er ein winziges Zimmer im ersten Stock mit Blick auf die laute Gasse. Das Bad war so eng, dass er sich in der von Schimmel befallenen Dusche kaum würde umdrehen können, obwohl er nicht wirklich dick war. Sein Bauch war mittlerweile etwas angewachsen, was weniger an seinem Essverhalten als an seinem Alkoholgenuss lag, aber seine Gliedmaßen waren nach wie vor schlank und rank wie die eines Jünglings. Ihm war bewusst, dass er keineswegs mehr jugendlich wirkte. Wegen seiner Größe von einem Meter neunzig hatte er sich einen gebeugten Gang angewöhnt und einen kleinen Buckel zugelegt. Sein Haar war schütter und ergraut. Er trug es dennoch lang, trotz der kleinen Glatze am Hinterkopf. Stefan war gerade erst fünfzig geworden, fühlte sich momentan aber wie ein Achtzigjähriger.

Die besten Jahre waren vorbei, das war ihm schon seit langem klar. Einst galt er als Shootingstar der österreichischen Literaturszene. Seinen ersten Roman, »Gelber Dunst«, hatte er mit fünfunddreißig veröffentlicht, damit einige Literaturpreise eingeheimst und einen großen deutschen Verlag für sein zweites Buch an Land gezogen. Seine nächsten Romane hatten sich weniger gut verkauft als sein Erstlingswerk, aber anscheinend immer noch gut genug, denn der deutsche Verlag hatte ihm die Treue gehalten. Den letzten Vorschuss hatte er vor nunmehr sechs Jahren kassiert. Der Roman, für den er ihn bekommen hatte, war noch immer nicht fertig. Doch wenn man in Österreich einmal als Starautor galt, dann verblasste dieser Ruf nicht so rasch. Er zehrte nach wie vor von dem großen Erfolg seines Erstlings, der mittlerweile in zehn Sprachen übersetzt worden war, sogar ins Koreanische.

In den letzten Jahren hatte sich Stefan mit Übersetzungen aus dem Französischen über Wasser gehalten und ein paar Kurzgeschichten in Anthologien diverser österreichischer Schriftstellerverbände und -organisationen veröffentlicht. Außerdem hatte er immer wieder Stipendien und Förderpreise eingeheimst. Seit ein paar Jahren war Schluss damit. Autoren über fünfundvierzig galten nicht einmal im Land der Seligen mehr als förderungswürdig. Dennoch war er nach wie vor ein wichtiger Vertreter der österreichischen Literatur, zumindest bildete er sich das ein, obwohl er seit nunmehr sechs Jahren eine massive Schreibkrise hatte.

Voll bekleidet und mit den verstaubten Schuhen an den Füßen ließ er sich auf das überraschend bequeme Bett in seinem schäbigen Zimmer fallen und starrte eine Weile auf die rissige Decke.

Seine langjährige Lebensgefährtin hatte ihn vor einem Jahr verlassen. Obwohl die Trennung nicht der Grund für seine Schreibkrise war, er hatte bereits während der letzten Jahre ihrer Beziehung keine einzige Zeile mehr geschrieben, machte er Magdalena doch dafür verantwortlich. Auf einmal hatte sie mehr auf sich selbst schauen wollen, auf ihre eigene Karriere. Sie war zehn Jahre jünger als er und ebenfalls Autorin. Allerdings verdiente sie regelmäßig Geld mit einer blödsinnigen Kolumne in einer auflagenstarken Tageszeitung. Sie könne ihm nicht mehr länger dabei zusehen, wie er vor Mittag nicht aus dem Bett kam, nachmittags mit seinen Freunden im Kaffeehaus zu saufen begann und meistens erst spät nach Mitternacht heimkam, hatte sie ihm in ihrer letzten Nacht, in der sich, wie schon in vielen Nächten vorher, nichts abgespielt hatte, weil er keinen mehr hochbekam, an den Kopf geworfen. Damals hätte er sie am liebsten umgebracht, den Polster auf ihr Gesicht gedrückt und ihre Worte in den Daunen erstickt.

Sein Verlag hatte den letzten Vorschuss und damit auch ihn längst abgeschrieben. Falls er den Roman, an dem er nun seit sechs Jahren arbeitete, eines Tages fertigstellen würde, musste er sich einen neuen Verlag dafür suchen. Dieser Gedanke war ihm ein Gräuel. Bald würde er die Miete für seine Wohnung nicht mehr bezahlen können. Dank Magdalena war die Miete für seine Altbauwohnung im siebten Bezirk früher nie ein Problem gewesen.

Plötzlich erfasste ihn wieder eine Stinkwut auf diesen Trampel. Wer war sie denn schon? Eine kleine, immer fetter werdende Landpomeranze, die sich als berühmte Journalistin gerierte und vor kurzem sogar ein Buch mit ihren Alltagsglossen veröffentlicht hatte. Es war mit der Post gekommen. Er hatte es, ohne einen Blick hineinzuwerfen, in den Altpapiercontainer geschmissen.

Wie so oft befreite ihn die Wut von seiner depressiven Verstimmung. Er sprang auf und ging hinunter zum Portier, der sich als Youssef vorgestellt hatte. In seinem eleganten Französisch verlangte er das reservierte Zimmer mit Terrasse. Er erklärte dem alten zahnlückigen Rezeptionisten, dass er das Hotel augenblicklich verlassen würde, wenn er nicht sogleich das bestellte Doppelzimmer mit Terrasse bekäme.

Eine dicke schwarze Katze schlich um seine Beine. Stefan litt unter einer Katzenallergie. Angewidert verzog er das Gesicht.

Youssef versprach ihm schließlich, dass er ab morgen ein anderes Zimmer mit Terrassenzugang beziehen könne.

»Sind Sie nicht der berühmte Schriftsteller, der ›Gelber Dunst‹ geschrieben hat?«, vernahm er plötzlich eine schrille Frauenstimme in seinem Rücken.

Durchaus erfreut drehte er sich um.

Hinter ihm standen zwei mehr oder minder attraktive Frauen um die vierzig und strahlten ihn an wie einen Christbaum.

»Ich bin Daniela und das ist meine Freundin Nadine«, sagte die magersüchtige Blondine mit der schrillen Stimme. Sie war weniger hübsch als ihre dunkelhaarige Freundin, die ihn ein bisschen an Magdalena erinnerte, allerdings ein paar Kilo weniger auf den Hüften hatte als seine Ex.

»Wau, dass wir im selben Hotel wohnen, ist echt ein Wahnsinn! Das müssen wir feiern. Haben Sie heute Abend schon was vor?«

»Schreiben«, sagte Stefan und war selbst überrascht von seiner Schlagfertigkeit.

»Aber doch nicht am Heiligen Abend! Wir wollen auf den Djemaa el Fna gehen und dort in einer der Garküchen essen. Kommen Sie doch mit. Es wird sicher lustig.«

Allein das Wort »lustig« bereitete ihm körperliches Unbehagen.

Ein älteres Ehepaar, sie schwer übergewichtig und mit einem marokkanischen Kaftan bekleidet, er in Jeans und T-Shirt und sein weißes Haar zu einem Rossschwanz zusammengebunden, gaben ihren Zimmerschlüssel an der Rezeption ab. Sie hatten sein kurzes Gespräch mit den Österreicherinnen mitangehört.

»Wir gehen auch auf den Fna. Der Fischstand Nummer 14 ist fantastisch, solltet ihr auch versuchen«, sagte der Rossschwanz. Ein Deutscher, Rheinländer der Sprache nach.

Der Portier redete nun in seinem merkwürdigen Französisch auf das deutsche Pärchen ein.

Stefan verstand, dass die beiden sein gebuchtes Zimmer belegt hatten. Sogleich schoss ihm wieder die Zornesröte ins Gesicht. Bevor er sich einmischen konnte, sagte Youssef zu ihm, dass alles geklärt sei. Er, wie versprochen, sein Zimmer morgen beziehen könne.

Stefan hatte nicht mitbekommen, dass sich die Piefke mit dem Zimmertausch einverstanden erklärt hatten. Als er den bösen Blick bemerkte, den ihm die dicke Deutsche zuwarf, fühlte er sich irgendwie befriedigt. Sollten diese Alt-Hippies doch unter- oder übereinander in dem schmalen Bett liegen, er wollte ein großes Doppelbett und eine Terrasse mit Ausblick.

Das Thermometer in seinem Zimmer hatte dreiundzwanzig Grad angezeigt. Dennoch fror er erbärmlich. Er beschloss einen Hammam aufzusuchen und sich dort ein bisschen aufzuwärmen. Youssef empfahl ihm einen in der Nähe des Hotels.

❄

Sein Körper glühte. Nur mit einer viel zu weiten ausgeborgten Badehose bekleidet lag er ausgestreckt auf dem harten, gekachelten heißen Tisch. Der Schweiß rann ihm übers Gesicht, verklebte seine Augen.

Er war nicht allein in dem Dampfbad. Gemurmel und leiser Singsang belästigten seine Ohren. Der Raum war schwach beleuchtet. Er nahm die Umrisse der Gestalten, die sich gerade einseifen oder mit heißem Wasser übergießen ließen oder ebenso ruhten wie er, kaum wahr. Dichte Dampfschwaden umgaben den russischen Luster, der von der Decke baumelte.

Ein Gefühl von Schwerelosigkeit erfasste ihn. Er spürte seinen Körper nicht mehr. Auch sein Kopf wurde leer. Alle seine Gedanken und Grübeleien lösten sich in der Hitze auf. Dieses Gefühl von Leere behagte ihm.

Sein Badediener, ein junger, gut gebauter Mann, riss ihn aus diesem angenehmen, tranceähnlichen Zustand, deutete, ihm zu folgen. Er brachte ihn ins Frigidarium, reichte ihm ein feuchtes Handtuch, sagte irgendetwas auf Arabisch zu ihm und wies auf das kleine Becken mit kaltem Wasser.

Stefan hatte kein Wort verstanden. Vor seinen Augen erschienen kurze, grelle Blitze. Das Kaltwasserbecken begann sich zu bewegen, kam langsam näher. Das Wasser schwappte über, eine riesige Welle erfasste ihn, schlug über ihm zusammen.

Als er auf dem kalten Fliesenboden wieder zu sich kam, sah er in die lächelnden schwarzen Augen des jungen Bademeisters. Der Bursche reichte ihm seine Hand, wollte ihm aufhelfen.

Stefan schlug seine Hand weg. »Mein Kreislauf hat wieder mal verrückt gespielt«, murmelte er und verließ fluchtartig den kleinen Raum, stürzte hinaus in den Flur. Er brauchte dringend einen Whisky. Das einzige Medikament, das in allen beschissenen Lebenslagen half. Aber woher den Whisky nehmen in diesem islamischen Land?

Ihm war nach wie vor so schwindlig, dass er es kaum schaffte, seine Hose im Stehen anzuziehen.

Völlig benommen torkelte er hinaus auf die düstere Gasse, die wahrscheinlich noch nie Sonnenlicht gesehen hatte.

Zwei Bettler lungerten unweit des Hammams herum, schnorrten ihn an. Er ignorierte sie, obwohl er gelesen hatte, dass die Bettler von Marrakesch bestens organisiert waren und sich die Gesichter der Leute, die ihnen etwas gaben, genau merkten und sie dann angeblich vor Taschendieben beschützten. Bestimmt war das eine Mär. Wahrscheinlich verrieten sie eher den Dieben, wenn jemand gut bei Kasse war.

Auf einer heruntergekommenen Einkaufsstraße, außerhalb eines Stadttores, entdeckte er eine Bar, in der Alkohol ausgeschenkt wurde.

Er ging hinein, setzte sich auf einen Hocker an der Theke und bestellte einen Jim Beam, den Whisky für den Tag. Abends trank er lieber Single Malt.

Bald geriet er wieder ins Grübeln. Fragte sich erneut, was er in diesem Drecksnest verloren hatte. Die Grübelei war fruchtlos wie immer. Er bestellte einen zweiten Whisky mit viel Eis. Bisher hatte er noch keinen Gedanken an seinen unfertigen Roman verschwendet. Er sog die Stimmen von Marrakesch ein, so wie einst Elias Canetti, aber im Gegensatz zu seinem weltberühmten Schriftstellerkollegen schienen sie ihn nicht zu inspirieren. Nach dem Besuch des Hammams fühlte er sich weder erfrischt noch voller Tatendrang. Er döste an der Theke vor sich hin.

Das Gegröle junger skandinavischer Touristen, die sich zu ihm an die Theke gesellt hatten, vertrieb ihn schließlich aus dieser netten kleinen Bar.

Die Wirkung des Whiskys hielt nicht lange an. Sobald er in den Trubel auf dem Djemaa el Fna eingetaucht war, wurde er wieder hellwach.

Schlangenbeschwörer, Bauchtänzerinnen, Feuerschlucker, Akrobaten, Schuhputzer, Wahrsagerinnen, Schwarze, die bunte T-Shirts verkauften und ihm in leise beschwörendem Ton Haschisch anboten ... Mit griesgrämiger Miene und den Händen in den Hosentaschen, das Geld fest umklammernd, streifte er über den großen Platz.

Die Sonne hatte sich noch nicht verabschiedet. Die blaue Stunde, in der dieser angeblich schönste Platz Afrikas in ein mysteriöses Farbenspiel getaucht werden würde, stand erst bevor.

Stefan schlenderte weiter, nahm eine breitere Straße hinein in den Souk. Er hatte nicht vor, etwas zu kaufen. Die Händler empfand er als äußerst lästig. Er blieb an keinem der farbenprächtigen Stände stehen, an denen nicht nur Textilien, Korb- und Lederwaren angeboten wurden, sondern auch alle Köstlichkeiten des Orients, sondern ging raschen Schrittes durch die immer enger werdenden Gassen. Der Weg durch den Souk führte nicht geradeaus, kreuzte sich mehrmals. Leicht verwirrt versuchte er sich einzuprägen, aus welcher Richtung er gekommen war. In die zum Teil mit Hölzern und Fetzen überdachten Gassen drang kein Sonnenstrahl. Bald hatte er die Orientierung verloren.

Junge, verwegen aussehende Burschen boten ihm an, ihn durch den Souk zu führen. Er reagierte fast zornig, verjagte sie mit abfälligem Gesichtsausdruck und eindeutigen Handbewegungen. Doch als er an einer Wegkreuzung umkehren und zurück zum großen Platz wollte, wurde ihm bewusst, dass er sich verirrt hatte. Sein Stadtplan half ihm nicht weiter, denn die Gassen im Souk hatten keine Namen. Es blieb ihm nichts anderes übrig, als sich von einem der Schlepper zum großen Platz zurückbringen zu lassen. Der Bursche hieß Achmed und redete in schlechtem Französisch auf ihn ein. Er gab auch ein paar Brocken auf Deutsch von sich. Stefan verstand kaum ein Wort.

Als ihn Achmed zu einem Gewürzstand schleppte, fühlte er sich verpflichtet, dem Händler drei Gramm angeblich besten marokkanischen Safran um einen horrenden Preis abzukaufen. Wieder hatte er fast fünfzehn Euro in den Wind gesetzt. Den Safran würde er seiner alten Mutter mitbringen. Immerhin hatte sie ihm das Geld für diese Reise geborgt. Sie backte gerne, würde dieses kostbare Geschenk aber nicht zu schätzen wissen. Normaler Safran aus dem Supermarkt tat es für ihre bescheidenen Bedürfnisse sicher auch.

Stefan war in der schönen Steiermark aufgewachsen, in einfachen Verhältnissen. Er schämte sich für seine Herkunft, hatte sie verleugnet, machte früher in Interviews seinen Vater, einen Schichtarbeiter, zu einem Ingenieur und seine Mutter, die jahrelang als Putzfrau gearbeitet hatte, zur Hausfrau, die nicht hatte arbeiten gehen müssen. Seine Intelligenz und Kreativität schrieb er widerwillig dem kirchlichen Internat zu, in das ihn seine Eltern mit Hilfe des örtlichen Pfarrers gesteckt hatten, nachdem sie noch vier weitere Gschrappen produziert hatten. Mit seinen jüngeren Geschwistern pflegte er keinerlei Kontakt, genierte sich für sie ebenso wie für seine Eltern.

Er verdrängte die Gedanken an seine Familie und versuchte, während er neben Achmed durch die quirligen Gässchen der Medina stapfte, ihm auf Französisch klarzumachen, dass er sofort zurück auf die Grande Place müsse und keinerlei Einkäufe mehr tätigen wolle.

Der hübsche Bursche mit den großen dunklen Augen grinste ihn an, schlug ihm auf die Schulter und sagte: »Okay, okay.«

Stefan war überrascht, als Achmed ihn tatsächlich ohne weiteren Stopp zum Djemaa el Fna brachte.

Die Sonne verabschiedete sich gerade hinter dem Minarett der Koutoubia-Moschee.

Er gab Achmed zwanzig Dirham.

Der Junge zeigte ihm die fünf Finger seiner rechten Hand.

Stefan schüttelte den Kopf. Von diesem kleinen Gauner ließ er sich nicht über den Tisch ziehen. Wahrscheinlich hatte er das große Bündel Scheine in seiner Hosentasche gesehen, als er den weit überhöhten Preis für den Safran zahlte.

»Morgen wiedersehen?«, fragte Achmed lächelnd.

»Vielleicht«, sagte Stefan, ließ ihn stehen und ging direkt zum Café de France, in dem er mit den beiden Österreicherinnen aus seinem Riad verabredet war.

Daniela und Nadine erwarteten ihn bereits auf der Terrasse im ersten Stock. Sie hatten einen Tisch ganz vorne ergattert und fotografierten beide wie besessen den fantastischen Sonnenuntergang.

Der Himmel wechselte gerade seine Farbe von zartem Rosa in kräftiges Orange. Kurze Zeit später verfärbte er sich blutrot und tauchte schließlich den ganzen Platz in ein rauchiges Blau.

Die Österreicherinnen hatten nicht nur bunte Schals, Arganöl und Berberketten gekauft, sondern auch zwei winzige Schildkröten.

»Sind sie nicht niedlich? Wir haben noch keine Namen für die beiden. Wie findest du Scheherazade und Mohammed?«

»Wenn schon, dann Scheherazade und Schahryar. Aber das sind persische Namen«, klärte Stefan die ungebildeten Frauen auf.

»Möchtest du ihr Taufpate sein?«

»Es ist strengstens verboten, Schildkröten auszuführen, habt ihr das nicht in eurem Reiseführer gelesen?«

»Ach was, wir werden diese niedlichen Kleinen schon rausschmuggeln. Bei uns werdet ihr es gut haben, ihr Süßen«, sagte Daniela und küsste die Panzer der Baby-Schildkröten. Angewidert wandte Stefan sich ab.

Beide Frauen hatten sich ihre Hände bemalen lassen. Die schwarzen Ornamente sahen beinahe bedrohlich aus.

»Auf Nadines Hand steht angeblich, dass sie einen Mann sucht«, kicherte Daniela.

Er besah sich die Bemalung auf Nadines großer, grobknochiger Hand genauer und musste unwillkürlich an die schönen, zarten Händen der marokkanischen Frauen denken, die er bisher sehr wohl registriert hatte. Die Araberinnen gefielen ihm, sie waren nicht sehr groß, aber alle wohlgerundet, ohne fett zu sein, und trugen meist prächtige farbenfrohe Gewänder. Verglichen mit ihnen wirkten die vielen magersüchtigen und schlecht gekleideten Europäerinnen wie langweilige Kleiderpuppen.

In Marrakesch war er bisher nur wenigen Frauen mit Hidschab begegnet, diesem Kopftuch, das Haare, Ohren, Hals und Dekolleté bedeckt. Einen Tschador trugen fast nur Touristinnen aus arabischen Ländern. Und Frauen mit einem Nikab oder gar mit einer Burka hatte er kaum gesehen. Da hatte er in Österreich, trotz Burkaverbots, schon mehr zu Gesicht bekommen, vor allem im letzten Sommer, als er bei den Rauriser Literaturtagen eingeladen gewesen war und anschließend Zell am See besucht hatte.

Die meisten Marokkanerinnen waren unverschleiert, trugen nicht einmal ein Kopftuch, ließen ihre dunkelbraune Haarpracht über Schultern und Rücken fließen. Die jungen hatten meist auch schöne weiße Zähne, volle Lippen und elegante, etwas längere Nasen als momentan in Hollywood angesagt. Das Schönste an ihnen waren allerdings ihre großen dunklen Augen, die die Wonnen einer Nacht voller Leidenschaft versprachen. Er bewunderte auch ihre olivfarbene Haut, obwohl manche orientalischen Frauen auch überraschend weißhäutig waren, was ihre fast schwarzen Augen noch geheimnisvoller und verführerischer machte.

Die Österreicherinnen an seinem Tisch wirkten richtiggehend plump und derb neben all diesen nordafrikanischen Schönheiten, obwohl vor allem Daniela untergewichtig war. Aber sie waren beide großgewachsen und hatten einen schweren Knochenbau. Ihre Haare waren dünn und struppig vom vielen Färben, ihre Gesichter aufgedunsen und voller roter Flecken, die nicht nur von übertriebenem Alkoholkonsum stammten, sondern auch von der Hitze. Falls er ein Gefühl von Mitleid empfinden hätte können, wäre es jetzt angebracht gewesen. Doch er sezierte die beiden alleinstehenden Frauen mit seinem strengen Schriftstellerblick und kam zu dem Ergebnis, dass ihn keine der beiden reizte.

Seine Blicke schweiften wieder hinunter auf das bunte Treiben am Djemaa el Fna.

Die hell beleuchteten Obststände mit den exotischen Früchten, Datteln und Nüssen sahen sehr verlockend aus, machten aber wenig Geschäft.

Plötzlich erblickte er einen Burschen, der zur Terrasse des Café de France heraufsah und heftig winkte. Er erkannte Achmed nicht sogleich. Erst als er sich sicher war, dass es sich um seinen Scout handelte, winkte er zurück.

Der Junge stand neben einem Händler, dessen versilberte Laternen in vollem Kerzenlicht erstrahlten. Stefan gefielen diese filigranen Leuchten, die eine fast weihnachtliche Atmosphäre auf dem großen Platz verbreiteten.

»So eine Lampe werde ich mir kaufen, sie würde gut auf das Fensterbrett in meinem Schlafzimmers passen«, murmelte er.

»Du bist ja ein richtiger Romantiker«, sagte Nadine und schaute ihm tief in die Augen.

Ehe er noch widersprechen konnte, näherte sich Achmed dem Eingang des Cafés.

Stefan schwante Übles. Als der Junge ein paar Sekunden später an seinen Tisch kam und sich den beiden Frauen als Freund Stefans vorstellte, wusste er nicht, wie er reagieren sollte.

Daniela bot dem jungen Mann sogleich den vierten Sessel an.

Achmed blickte Stefan fragend an.

Ihm blieb nichts anderes übrig als zu nicken.

Achmed gab sich bescheiden, wollte nur einen *thé à la menthe*.

Stefan hielt ihm zugute, dass er weder den beiden Frauen noch ihm etwas anzudrehen versuchte, sondern Nadine nur um eine Zigarette anschnorrte.

Die beiden Frauen schienen sich zu freuen, einen Einheimischen kennenzulernen.

Als er sich, kaum hatte er den Tee ausgetrunken, artig verabschiedete, verabredeten die Österreicherinnen mit ihm, dass er sie morgen am ersten Weihnachtstag durch den unheimlichen Souk führen solle.

Stefan hatte die ganze Zeit geschwiegen, Achmed kein einziges Mal angesehen.

Als der große Platz völlig im Dunkeln lag und der weiße Rauch von den Garküchen in den blauschwarzen Himmel aufstieg, begab er sich mit den Frauen hinunter, um die Garküche Nr. 14 zu suchen.

Permanent wurden sie von Schleppern der anderen Garküchen angemacht. Bald war Stefan mit seiner Geduld am Ende.

Er verscheuchte die jungen Männer mit ihren Speisekarten und führte Daniela und Nadine zu dem von den

Deutschen empfohlenen Fischstand. Und wer saß da und schlemmte? Die beiden Alt-Hippies.

»Frohe Weihnachten! Setzt euch zu uns«, sagte die dicke Deutsche und rückte ein bisschen näher an ihren Mann heran. »Ich heiße Ute und das ist mein Mann Detlef.«

Nadine setzte sich auf die hölzerne Bank neben die Deutschen, Stefan und Daniela nahmen gegenüber Platz.

Stefan entschied sich für Calamari. Bei diesen frittierten Gummiringerln konnte nicht viel schiefgehen. Salat oder andere Beilagen lehnte er ab. Daniela und Nadine nahmen die gemischte Fischplatte und Salat.

Sowohl die Calamari als auch die Fischstücke schwammen in Fett, schmeckten aber hervorragend. Stefan hatte sich dazu herabgelassen, ein Stückchen Fisch von Danielas Teller zu probieren.

Als Ute eine Flasche Sekt aus ihrem bestickten, sicher heute erst erstandenen Beutel zog und den Mann am Grill um Pappbecher bat, wollte er am liebsten aufstehen und gehen. Doch Daniela umklammerte mit ihren groben Fingern seinen linken Oberschenkel und strahlte ihn begeistert an.

»Wollen wir nicht den Heiligen Abend miteinander begießen«, fragte sie und erhob ihren Pappbecher.

Ihm blieb nichts anderes übrig, als mit seinen Fans und dem deutschen Pärchen anzustoßen.

Als Ute jedoch anfing »Stille Nacht, heilige Nacht« zu singen, würgte er ihren Singsang ab: »Wir befinden uns in einem islamischen Land, willst du diese Leute provozieren? In der Medina ist der Genuss von Alkohol außerdem verboten.«

Sie verstummte, schaute ihn unsicher an.

»Lasst uns heimgehen. Ihr könnt ja in unserem Riad weitertrinken, das hier ist sicher nicht der richtige Ort, um den Heiligen Abend zu feiern.«

Mit der angebrochenen Flasche Sekt und den Pappbechern in den Händen folgten ihm die Österreicherinnen und das deutsche Pärchen durch die dunklen Gassen zurück ins Hotel.

In den Hauseingängen hockten Obdachlose. Einige Stricher machten sich sowohl an die Frauen als auch an die beiden Männer ran.

Detlef schien sich prächtig zu amüsieren, begann mit einem der Burschen zu verhandeln.

Rasch zog Stefan den betrunkenen Deutschen weiter. »Bist du verrückt geworden? Die sind schnell mit dem Messer zur Hand, so schnell kannst du gar nicht schauen ...«

Vor ihrem Hotel wartete Achmed auf sie. Offensichtlich hatte er sie verfolgt und sie irgendwann überholt. Mit einem betörenden Lächeln auf seinen vollen Lippen bot er ihnen einen Gute-Nacht-Cocktail an. Hasch oder Koks oder was auch immer sie begehrten.

»Verschwinde«, herrschte Stefan ihn an.

Achmed schaute ihm lange in die Augen, bevor er in der finsteren Gasse verschwand.

Stefan hatte keine Lust mehr, mit Daniela, Nadine und den Deutschen weiterzuzechen. Er zog sich in sein Zimmer zurück. Die lauten Stimmen seiner neuen Bekannten, die im begrünten Innenhof des Riads den Heiligen Abend feierten, ließen ihn nicht einschlafen. Bis in die frühen Morgenstunden wälzte er sich in seinem Bett.

Sein Zimmer war total überheizt. Er drehte die Heizung zurück. Kurz darauf begann er zu frieren, drehte den Thermostat wieder höher und schlief prompt ein.

Er träumte von Achmed, von seinem jungen festen Körper, seiner glatten olivfarbenen Haut, seinen mandelförmigen schwarzen Augen. Als sich Achmeds üppige, wohlgeformte Lippen seinem Schwanz näherten, schrak er auf, machte Licht an und ging ins Bad. Er konnte es nicht fassen, er hatte eine Erektion. Die erste seit vielen Monaten. Entsetzt starrte er auf sein Glied, drehte die Dusche auf und wollte sich einen runterholen. Doch sein Schwanz erschlaffte sogleich unter dem warmen Wasserstrahl.

Fluchend legte er sich wieder hin, konnte aber nicht mehr weiterschlafen.

Am ersten Weihnachtsfeiertag erschien Stefan als Erster beim Frühstück unten im Innenhof. Die morgendliche Frische tat ihm gut. Er wollte im Freien sitzen, nicht drinnen im dunklen Frühstücksraum.

Zwei Frauen, offensichtlich Mutter und Tochter, baten ihn in ihre kleine Küche, zeigten ihm all die Köstlichkeiten, die sie für ihre Gäste vorbereitet hatten. Youssef gesellte sich zu ihnen und übersetzte.

Stefan wollte zuerst einen Kaffee und danach einen *thé à la menthe*.

Während er den Espresso trank, sah er den beiden Frauen bei der Zubereitung des Tees zu.

Die ältere Frau schüttelte ein Häufchen Teeblätter in ihre Hand, die Jüngere reichte ihr ein Büschel grüner Minze. Beides kam ins sprudelnde Wasser auf dem Herd. Sie ließen es drei Mal aufkochen, dann füllte die Alte ein Glas von sehr hoch oben, sodass der Tee in einem langen, dünnen Strahl hinabrann. Sie goss dieses Glas zurück in die Kanne und füllte es ein zweites Mal. Wieder goss sie es zurück. Die jüngere Frau hatte inzwischen ein großes Zuckerstück zerstoßen und gab den Zucker in die Kanne. Erst als die Alte den Tee ein drittes Mal von hoch oben eingegossen hatte, reichte sie ihm das bemalte Glas in der versilberten Halterung.

Er frühstückte allein. Genoss ein köstliches Baguette, wie er es nur aus Frankreich kannte, schmackhafte Butter und selbstgemachte Marmeladen und Honig. Es war das beste Frühstück, das er seit langem zu sich genommen hatte.

Die Palmen im Innenhof sahen ebenso gepflegt aus wie die Blumenrabatte. Aus einem hübschen, in Blau- und Grüntönen gekachelten Springbrunnen perlte Wasser. Und in den Bougainvilleen zwitscherten die Vögel. Er kam sich vor wie im Paradies.

Das kleine Riad mit den zwölf Zimmern war doch eine gute Empfehlung von Michael, dachte er, als er nach dem Frühstück Youssef die Stiegen hinauf in den zweiten Stock folgte und die große Terrasse mit Blick über die Dächer der Stadt betrat.

Er bezog ein Doppelzimmer und war zum ersten Mal seit seiner Ankunft in Marrakesch guter Laune. In diesem geschmackvoll eingerichteten Zimmer mit dem breiten Bett, dem Schreibtisch aus Thujenholz, den bequemen Sitzpolstern und den gekachelten Wänden würde er vielleicht

schreiben können. Als er aus dem Fenster sah und zwei Stör-
che aus Gips hoch oben auf der Hausmauer erblickte, musste
er grinsen. Er fragte sich, ob sie die Tauben abhalten sollten,
so wie die künstlichen Raben, die man auf Terrassen in Wien
manchmal sah, oder ob sie zu reinen Dekorationszwecken
dort hockten.

Als er sich eine halbe Stunde später auf den Weg zu
dem berühmten Fotografiemuseum im Souk machen wollte,
musste er an Daniela und Nadine, die jetzt erst im Innenhof
frühstückten, vorbei. Sie bestanden darauf, dass er noch einen Tee mit ihnen trinke, und überreichten ihm dann mit
feierlichem Gesichtsausdruck ein Weihnachtsgeschenk. Sie
hatten ihm in aller Herrgottsfrüh am Djemaa el Fna eine der
versilberten Laternen gekauft, von denen er gestern Abend
geschwärmt hatte.

Er war gerührt, gleichzeitig fand er es peinlich, hatte er
doch kein Geschenk für seine beiden Verehrerinnen.

Ohne lange nachzudenken, verschob er seinen Besuch
des Fotografiemuseums auf später und lud sie auf einen Kaffee im Café de la Post ein. Dieses berühmte Fin-de-Siècle-
Lokal befand sich in der Neustadt.

Sie fuhren mit dem Bus Nummer eins nach Guéliz, stiegen bei einem großen Einkaufszentrum aus. Die Straßen
hier waren sauber, die Namen der Geschäfte bekannt. Die
vielen Straßencafés erinnerten ihn an Paris.

Während Daniela und Nadine ein zweites kleines Frühstück im Grand Café de la Post zu sich nahmen, bestellte Stefan nur ein Glas Weißwein. Wie konnten diese Frauen nach
dem wunderbaren Frühstück in ihrem Riad jetzt noch mehr
Baguette und Butter in sich hineinstopfen, fragte er sich.

Wahrscheinlich würden sie bald auf die Toilette verschwinden und alles wieder erbrechen.

Das Geschwätz der beiden interessierte ihn nicht. Als sie jedoch vorschlugen, gemeinsam den Park Majorelle zu besuchen, beschloss er mitzukommen. Dieser Park, den der berühmte französische Modeschöpfer Yves Saint Laurent von dem marokkanischen Maler Jacques Majorelle gekauft hatte, war eines der touristischen Highlights von Marrakesch. Er hatte ohnehin vorgehabt, ihn zu besuchen.

Daniele und Nadine wollten vorher noch für den Abend einen Tisch im Al Fassia reservieren, einem von allen Reiseführern empfohlenen Restaurant, dass von einer Frau mit ausschließlich weiblichem Personal betrieben wurde.

Stefan suchte einstweilen eine kleine Buchhandlung neben dem Restaurant auf, kaufte ein paar schräge Postkarten, obwohl er eigentlich nicht vorhatte, jemandem zu schreiben.

Die Farbenpracht im Park Majorelle überwältigte dann selbst ihn. Ultramarinblau kombiniert mit den schönsten Gelb-, Orange- und Grüntönen. Kein Wunder, dass ihm auch sein Freund Michael einen Besuch dieses Parks empfohlen hatte. Im neuen Museum von Yves Saint Laurent, das an den Park grenzte, begann sich Stefan jedoch zu langweilen.

»Wau, der hat den Hosenanzug für uns Frauen erfunden«, sagte Nadine.

»Er war ein gutaussehender Mann«, bemerkte Daniela, angesichts der Fotos des Meisters auf einer riesigen Leinwand.

»Und die Frau an seiner Seite ist die Catherine Deneuve, oder?«, fragte Nadine.

»Sie war seine Muse«, murmelte Stefan. »Schwule Männer stehen eben auch auf schöne, gutgekleidete Frauen.« Der Blick, den er bei diesen Worten den mit Jeans und T-Shirts bekleideten Österreicherinnen zuwarf, sprach Bände.

Als sie das Museum verließen, verabschiedete er sich abrupt von seinen Begleiterinnen, sprang in ein Taxi und ließ die beiden einfach am Straßenrand stehen. Verblüfft sahen sie dem Wagen nach.

Er wollte zum Fotografiemuseum. Der Taxifahrer warf ihn beim Parfümmuseum raus. Blöderweise hatte er vergessen, vorher den Preis für die Fahrt auszuhandeln. Es blieb ihm nichts anderes übrig, als schon wieder zehn Euro in den Sand zu setzen, obwohl er wusste, dass Fahrten innerhalb der Stadt höchstens fünf Euro kosten durften.

Wieder einmal irrte er im Souk herum, fragte Einheimische, keiner schien zu wissen, wo sich das Museum für Fotografie befand. Sie schickten ihn in alle Himmelsrichtungen. Immer wieder boten sich ihm junge Schlepper an. Er verzichtete auf ihre Dienste.

Das pralle Leben im Souk, die schreienden Markthändler, all die kräftigen Farben und die Gerüche von Zedernholz und exotischen Gewürzen lullten ihn ein. Gemächlich spazierte er durch die engen Gassen, landete in der Mellah, dem jüdischen Viertel, kam vorbei an einer winzigen Synagoge und einer noch kleineren Thora-Schule, die beide frisch renoviert waren, und besuchte den jüdischen Friedhof, der mit seinem Meer aus abertausenden weißen Kuben einem Science-Fiction-Film entsprungen schien.

Schließlich landete er beim prächtigen Bahia-Palast. Die Schlange vor der Kasse war ihm zu lang. Er beschloss, diesen Märchenpalast ein anderes Mal zu besuchen, ging weiter über die Place des Ferblantiers zum Palais El Badi und zu den Saadier-Gräbern. Dieses Mausoleum von Angehörigen der Saadier-Dynastie, vor allem der Saal der zwölf Säulen aus Carrara-Marmor, beeindruckte ihn sehr. Die Reise nach Marrakesch war vielleicht doch keine so schlechte Idee gewesen.

Auf dem kleinen Platz vor der Moschee, hinter der sich die Saadier-Gräber befanden, aß er dann in einem Café-Restaurant die beste Tajine seines Lebens. Das Rindfleisch mit Pflaumen wurde wie üblich in einer Terrakottaschüssel mit einem kegelförmigen Deckel serviert. Beim Hochheben des Deckels drangen Düfte von Petersilie und exotischen Gewürzen in seine Nase.

Eine Katze hockte sich neben seinen Tisch, erwartete ein paar Häppchen. Stefan vergewisserte sich, dass keiner der anderen Gäste zu ihm hersah, und versetzte dem Tier einen Tritt. Jaulend huschte es von dannen. Endlich konnte er sein Tajine ungestört genießen.

Auf dem Rückweg zu seinem Riad kam er durch eine enge Gasse, in der sich einige interessante Läden befanden. Doch der bestialische Gestank der Mopeds, die ständig an ihm vorbeirasten, machte ihn fast wahnsinnig. Hatte er sich nicht gerade mit Marrakesch anzufreunden versucht? Und nun wieder dieser Höllenlärm und dieses Chaos. Er empfand die wilden Mopedfahrer als unheimlich bedrohlich. Nicht nur einmal streifte ihn der Ellbogen eines vorbeirasenden Marokkaners. Mittlerweile war es unter den löchrigen Sonnendächern des Souks ziemlich dunkel geworden. Als wieder einer dieser Verrückten von hinten daherkam und ihm seinen Lenker in die Rippen rammte, schlug er mit voller Wucht zu. Das alte Moped kippte um, der junge Fahrer landete auf dem harten Pflaster. Blut breitete sich auf dem schmutzigen Asphalt aus.

Kopfverletzungen bluten immer sehr stark, dachte Stefan und machte sich rasch aus dem Staub.

Hinter sich vernahm er fürchterliches Geschrei. Er lief so schnell er konnte weiter, tauchte ein in die Finsternis der engen Gassen, verschnaufte erst, als ihm der fast unerträgliche Geruch nach Leder in die Nase stieg.

Er hatte keinerlei Schuldgefühle. Dieser Irre war selber schuld, dachte er, warum war er auch ohne Helm unterwegs gewesen.

Plötzlich bildete er sich ein, Schritte hinter sich zu hören, die im gleichen Rhythmus wie die seinen auf dem Pflaster wiederhallten. Er drehte sich um.

Die dunkle Gasse war fast menschenleer. Nur ein paar Bettler mit Kapuzen über ihren Köpfen hingen in den Hauseingängen herum. Dennoch geriet er in Panik. Das Herz klopfte ihm bis zum Hals. Am liebsten hätte er laut um Hilfe geschrien. Die Bettler würden ihm nicht helfen, hatte er ihnen doch bisher keinen Cent gegeben.

Er bildete sich ein, dass einer dieser Bettler aussah wie Achmed. Hatte der Junge ihn, so wie schon gestern, die ganze Zeit verfolgt? Hatte er womöglich mitangesehen, wie er dem Mopedfahrer einen Faustschlag versetzt hatte?

Als überraschenderweise sein Riad am Ende der Gasse auftauchte, verschnaufte er, dankte Allah oder welchem Gott auch immer, dass er heil heimgekommen war, und wankte die Treppe hinauf in den zweiten Stock.

Nach diesem Horrortrip durch die Medina verzichtete er auf das Abendessen mit Daniela und Nadine im Al Fassia. Er bat Youssef, ihm eine Pizza zu besorgen und leistete dann dem deutschen Ehepaar auf der Terrasse seines Hotels Gesellschaft. Sie hatten eine Flasche Gin, die sie im Duty-Free-Shop am Frankfurter Flughafen erstanden hatten, geöffnet und waren bereits beim zweiten Gin Tonic angelangt, als er sich zu ihnen gesellte.

Die rheinländischen Alt-Hippies waren überglücklich, dass sie nicht in sein kleines Zimmer übersiedeln hatten müssen, sondern ein besseres Zimmer oben, neben dem seinen, bekommen hatten. Anscheinend waren Gäste ausgefallen.

Stefan gab vor, ihnen zuzuhören, war in Gedanken aber bei Achmed und dem höchstwahrscheinlich schwerverletzten Mopedfahrer.

Als die Österreicherinnen nach Hause kamen, setzten sie sich zu ihnen. Sie machten Stefan Vorwürfe, weil er nicht im Al Fassia erschienen war, beteuerten aber gleichzeitig, dass er nichts versäumt habe. Das Abendessen in dem von allen Reiseführern hochgelobten Lokal war eine Enttäuschung gewesen. »Eine Schnellabfertigung wie am Fließband«, sagte Nadine.

Als Ute wieder Weihnachtslieder zu singen begann, ging Stefan auf die Toilette.

Eine der vielen fetten Katzen, die sich im Riad herumtrieben, rannte ihm zwischen die Beine. Er versuchte ihr auszuweichen, stolperte über den Ständer eines Sonnenschirms und fiel über das niedrige Geländer der Terrasse, stürzte ein halbes Stockwerk hinunter und landete auf dem gefliesten Boden.

Er schrie auf vor Schmerz.

Bevor Daniela, Nadine und das deutsche Pärchen den etwas komplizierten Weg in das Zwischengeschoß gefunden hatten, war Youssef bei ihm.

Er fasste seine Beine an, fragte, ob und wo es wehtue. Schließlich kam Youssef zu dem Schluss, dass sich Stefan nur den linken Knöchel verstaucht hatte.

Die besorgten Österreicherinnen brachten ihn gemeinsam mit Youssef in sein Zimmer und legten ihn aufs Bett.

Youssef verabschiedete sich mit einem anzüglichen Augenzwinkern.

Die Frauen blieben bei Stefan, flößten ihm noch mehr Gin ein, obwohl ihm bereits kotzübel war.

Als sie zärtlich wurden, rastete er aus.

»Seid ihr komplett verrückt geworden? Ich kann nicht mehr, ich bin am Ende.«

»Du hast dir doch nur den Knöchel verstaucht«, säuselte Daniela und streichelte ihn zwischen den Beinen, während Nadine ihre Lippen auf seinen Mund presste.

»Lasst mich in Frieden«, stöhnte er.

»Sei nicht so ein Schlappschwanz«, kicherte die besoffene Daniela.

»Haut endlich ab«, herrschte er sie an.

»Du Armer, kannst du nicht mehr? Wie schade. Was bist du nur für ein lahmer Hengst? Zwei Frauen sind dir wohl zu viel«, spottete Daniela, warf ihrer Freundin einen belustigten Blick zu und ging hinaus auf die Terrasse, um eine zu rauchen.

Sie kehrte nicht zurück.

Nadine knöpfte sein Hemd auf, streichelte seine Brust, seinen Bauch. Als sich ihr Mund seinem Schwanz näherte, drehte er durch. Seine Finger schlossen sich um ihren Hals.

Ihr Röcheln erregt ihn. Ihre Züge verwandelten sich vor seinen Augen in das runde Gesicht seiner ehemaligen Lebensgefährtin Magdalena. Er drückte fester zu.

Mit letzter Kraft bohrte Nadine ihre langen Fingernägel in seine Wangen.

Sein Griff um ihre Kehle lockerte sich.

Sie wälzte sich aus dem Bett, rannte zur Tür. »Ich werde dich anzeigen, du Schwein!«, schrie sie.

Noch am selben Abend verließ er, beschämt und entsetzt über sich selbst, das Riad, das er im Voraus mit Kreditkarte für eine Woche bezahlt hatte. Auf seinen zerkratzten Wangen klebten zwei Pflaster. Seine Haare hingen ihm wirr ins rotgefleckte Gesicht. Er sah aus wie ein Irrer. Zum Glück saß Youssef nicht in der Rezeption, als er kurz vor Mitternacht die Treppe hinunterschlich.

Seinen Koffer brachte er zur Gepäckaufbewahrung am Bahnhof. Für diese kurze Taxifahrt zahlte er wieder ein Vermögen. Aber das war ihm inzwischen egal, er hatte andere Sorgen. Der Ticketschalter am Busbahnhof hatte noch geöffnet. Er kaufte sich eine Fahrkarte für den ersten Bus am nächsten Morgen nach Essaouira, gab einen falschen Namen an und bat Allah und den Herrgott, dass Nadine ihn nicht anzeigen würde. Zum Glück hatte er den beiden Weibern nichts von Michael und seinem Plan, Silvester bei ihm in Essaouira zu verbringen, erzählt.

Als er den mondänen Bahnhof von Marrakesch verließ, stand Achmed vor ihm. Mit seinem betörenden Lächeln bot er ihm an, ihn in eine Bar zu bringen, wo er den Rest der Nacht bleiben könne.

»Was machst du hier? Warum verfolgst du mich?«, herrschte Stefan ihn an.

Achmed schien ihn nicht zu verstehen, zuckte mit den Schultern, ergriff seine Hand und winkte ein Taxi herbei.

Stefan wehrte sich nicht mehr. Er fuhr mit Achmed zurück zum Bab Agnaou am Rande der Medina und ließ sich von ihm in ein schummriges Lokal führen.

Er bestellte zwei Single Malt Whiskys bei dem schwarzen Barkeeper, bekam zwei billige Scotchs mit viel Eis. Auch das war ihm mittlerweile egal.

Achmed nippte an seinem Whisky nur. »Kokain?«, fragte er lächelnd.

Stefan folgte dem Jungen auf die Toilette, kaufte ihm zwei Gramm ab.

»Und jetzt geh, ich brauche dich nicht mehr«, fuhr Stefan ihn an.

Achmed traf keinerlei Anstalten, ihn allein zu lassen. Im Gegenteil, er sah ihm dabei zu, wie er sich auf dem Waschbecken eine Linie reinzog. Dann bot er ihm an, ihm einen zu blasen.

Sogleich tauchten bei Stefan Erinnerungen an seinen Traum auf. Seine schwulen Fantasien waren ihm zutiefst zuwider. Er versetzte Achmed einen Faustschlag unters Kinn. Das zarte Bürschchen ging sofort zu Boden.

Fluchtartig verließ Stefan die Toilette der Bar, warf einen Zwanzig-Euro-Schein auf die Theke, da er keine Dirham mehr besaß, und eilte hinaus auf die Gasse. Er hatte keine Ahnung, in welche Richtung er lief, rannte einfach weiter, immer weiter hinein in die Finsternis der unergründlichen Souks.

Bestialischer Gestank drang plötzlich in seine Nase. War er im berüchtigten Gerberviertel gelandet? In seinem Reiseführer wurde vor diesem Viertel gewarnt, nicht nur wegen des scheußlichen Gestanks, sondern auch, weil man dort keinen Weg mehr hinausfand.

Er geriet in Panik, blieb stehen, versuchte sich zu beruhigen. Sein Herz pochte wie wild. In seinen Ohren dröhnte es wie ein Trommelwirbel.

Als auf einmal Achmed vor ihm stand und ihn unverschämt angrinste, erstarrte er.

Der junge Mann näherte sich ihm langsam, griff ihm zwischen die Beine, öffnete den Reißverschluss seiner Jeans und begann mit seinem Schwanz zu spielen.

Stefan ließ die zärtlichen Berührungen des Burschen stöhnend über sich ergehen. Daniela und Nadine wären über seine Erektion sicher hocherfreut gewesen. Kurz bevor er kam, packte er jedoch die Kehle des Jungen mit beiden Händen und würgte ihn, so wie er vorhin Nadine gewürgt hatte. Doch dieses Mal drückte er fester zu.

Achmed begann am ganzen Körper zu zittern.

Stefan grub seine Finger noch tiefer in den Hals des jungen Mannes. Achmeds Röcheln steigerte seine Wut. Erst als der Junge seine Augen verdrehte und sich sein Griff um Stefans Glied lockerte, ließ er von ihm ab.

Der Marokkaner atmete noch schwach, als Stefan ihn an den Füßen packte, zu einem der Farbbecken zerrte und ihn kopfüber in einen Behälter mit karmesinroter Flüssigkeit tauchte.

Er wartete nicht ab, bis die gurgelnden Geräusche des Ertrinkenden verstummt waren, sondern lief davon.

Seine Lungen fühlten sich an, als wollten sie platzen, dennoch rannte er weiter.

Er wagte nicht, sich umzublicken. Unheimliche Geräusche folgten ihm. Er konnte nicht ausmachen, wo seine eigenen Schritte aufhörten und die eines anderen möglicherweise begannen. Hatte sich Achmed aus dem Farbbecken befreien können und kam ihm jetzt nach? Unmöglich, der Junge war tot. Und er war ein Mörder.

Die Stadt lag noch im Dunkeln, aber das erste Flüstern des Morgengrauens war deutlich zu hören. Das Gezwitscher der Vögel in den Bäumen war unerträglich laut. Stefan hielt sich die Ohren zu. Ihm war kalt, er fühlte sich schmutzig, glaubte zu stinken, aber er war am Leben.

Wundersamerweise erreichte er nach einer Weile wieder das Bab Agnaou, fand dort ein Taxi und ließ sich zum Busbahnhof bringen.

Als er am Stefanitag frühmorgens im ersten Supratours-Bus nach Essaouira saß, verfolgten ihn die lauten Stimmen von Marrakesch noch weit über die Stadtmauern hinaus.

Lasst uns froh und munter sein

Tomorrow is another day

Sophie war Schauspielerin im Ruhestand. Bis vor einem Jahr hatte sie ihre Mindestrente mit kleinen Nebenjobs aufgebessert. Eine Lesung aus den Werken eines genialen, aber verklemmten jungen Autors in einem alternativen Theater, eine stumme Rolle als tollpatschige Alte auf einer Wiener Vorstadtbühne, zwei Monate als Souffleuse an einem Provinztheater ... Zuletzt hatte sie alten Herrschaften in einem Wiener Seniorenheim Märchen vorgelesen. Warum bildeten sich Heimleiter bloß ein, ältere Menschen hätten eine Vorliebe für Märchen? Wahrscheinlich wären ihnen Krimis oder erotische Geschichten lieber gewesen.

Im heurigen Advent hatte sie als Weihnachtsmann für eine Mobiltelefon-Firma gearbeitet und Schokolade an konsumwütige Kids auf der Mariahilfer Straße verteilt. Obwohl sie Skiunterwäsche unter dem Kostüm trug, hatte sie erbärmlich gefroren. Nun hustete sie seit Tagen und fürchtete, sich eine Lungenentzündung geholt zu haben.

Nächstes Jahr würde sie nicht einmal mehr diesen Job bekommen. Sie war einfach zu alt. Dabei war sie gerade erst dreiundsechzig geworden. Kein Alter für eine ehemalige Schauspielerin. Dennoch versagte ihr inzwischen oft schon bei alltäglichen Wirtshausgesprächen die Stimme. Ihr einst

ganz passabler Alt klang heute nur mehr heiser und ver-
raucht.

Im Radio hatten sie Schneefall angesagt. Endlich einmal weiße Weihnachten? Kein Wölkchen in Sicht. Es war
klirrend kalt, viel zu kalt, um zu schneien.

Alle Schaufenster waren festlich geschmückt. Auch die
Geschäftsleute in der Neubaugasse hatten sich heuer für
amerikanischen Weihnachtskitsch entschieden: singende
Weihnachtsmänner in Miniaturausgabe, grellbunte Lichterketten und übergewichtige Engel in verschiedenen Farben und Größen. Sophie sehnte sich nach einem schlichten
Weihnachtsbaum mit Strohsternen und Rumfläschchen.

Als die Geschäfte am Heiligen Abend um vierzehn Uhr
zusperrten, flüchtete sie in »Rudis Beisl«.

Selbst in ihrem Stammlokal hingen pompöse, goldfar-
bene Plastikgirlanden über der Theke. Elektrische Kerzen
ergänzten die spärliche Beleuchtung. Auf den Tischen standen Schneekugeln, kleine Spieluhren, die man nur aufziehen musste, wenn man noch nicht genug von »Stille Nacht,
heilige Nacht« hatte. Ein batteriebetriebener Weihnachtsmann am Eingang begrüßte jeden neuen Gast mit einem
fetten Lachen.

»Guten Tag, gnädige Frau, küss die Hand«, sagte Herr
Rudi, als Sophie das schummrige Lokal betrat.

Der nette, grau melierte Wirt wusste, was einer Dame
gebührt, obwohl er ein großer Trinker vor dem Herrn war.
Zu später Stunde setzte er sich manchmal an ihren Tisch
im düstersten Eck und ließ sich von ihr zum hundertsten
Mal die schillernden Details ihrer Bühnenkarriere schil-
dern.

An diesem Nachmittag war ihr Tisch allerdings besetzt. Ludwig und Hermann, die beiden anderen Stammgäste, schienen bereits auf sie zu warten. Sie begrüßten Sophie mit einem lautstarken: »Servus, Weihnachtsmann, wo bleibst du denn so lang? – Hock dich endlich her, Sopherl.«

Widerwillig nahm sie Platz. Sie konnte diese beiden Säufer nicht leiden, hatte sich zu viele Abende lang ihre öden Lebensgeschichten anhören müssen.

Ludwig, seit zehn Jahren geschieden, trauerte noch immer seiner Exfrau und seinen inzwischen erwachsenen Kindern nach, während Hermann den flotten Junggesellen spielte und mit seinen minderjährigen Eroberungen angab. Beide Männer waren Mitte fünfzig und klassische Versager, hatten ihre Lieben, ihr Leben versoffen, besaßen anscheinend aber immer noch genügend Geld, um fast jeden Abend in »Rudis Beisl« groß auf den Putz zu hauen.

Ludwig war ein grobschlächtiges Mannsbild, Brillenträger, glatzköpfig und mit einem unangenehmen Hang zum Zynismus. Er verspottete sie gern wegen ihrer Schauspielerei. Hermann war ein noch primitiveres Exemplar der männlichen Spezies, aber trotz seines erheblichen Alkoholkonsums nach wie vor gut aussehend. Groß, muskulös gebaut, dunkelblond, schöne braune Augen, gepflegter Vollbart.

Sie flirtete gern mit ihm, nicht zuletzt auch, um Ludwig zu ärgern. Doch nach diesem anstrengenden Tag auf der Straße war ihr nicht einmal mehr nach einem kleinen Flirt zumute. Hermann zog ihr die Mütze vom Kopf und sah sie entsetzt an.

»Du schaust ja aus wie eine Domina.«

Sie hatte ihr langes, tiefschwarz gefärbtes Haar streng nach hinten gekämmt und hochgesteckt, damit es unter der Mütze Platz fand.

»So hättest du's wohl gern«, scherzte sie.

Seine dummen Witze verletzten sie nicht wirklich. Ein arbeitsloser Polier kam ihr verbal nicht an.

Dem Frühpensionisten Ludwig, der heute noch als Baumeister bei gutgläubigen Häuslbauern jede Menge Schwarzgeld kassierte, gelang es jedoch sehr wohl, sie zu kränken. Er zupfte an ihrem falschen Bart und lallte: »Ohne Bart siehst wenigstens ein bisserl jünger aus.«

Die beiden Männer hatten ihr schon einige Gläschen voraus. Hermanns rundes Bubengesicht war stark gerötet, seine schönen Augen waren zu engen Schlitzen verkommen.

Sophie zog sich die Lippen nach, grinste Ludwig herausfordernd an und zitierte Nestroy: »Jetzt war der Jux doch zu was gut.«

Eine Nebenrolle in einer Nestroy-Produktion des Wiener Volkstheaters war der Höhepunkt ihrer Karriere gewesen. Als Madame Knorr in »Einen Jux will er sich machen« war sie den Kritikern positiv aufgefallen. Die vergilbten Zeitungsausschnitte hatte sie bis heute aufgehoben. Einmal hatte sie sogar die Nora in Ibsens gleichnamigem Stück gespielt. Ihre absolute Glanzleistung. Leider hatte der Rest des Ensembles nicht mithalten können. Eine Laientruppe aus Niederösterreich. Aber Ibsen bleibt eben Ibsen.

Ihre besten Jahre hatte sie als Ensemblemitglied in einem Kellertheater verbracht. Einer Komödienbühne. Angeblich besaß sie komödiantisches Talent. Notgedrungen, behauptete Sophie. Es war ihr nichts anderes übrig geblieben, als sich

mit komischen Rollen zu begnügen, da ihr die großen dramatischen Auftritte leider versagt geblieben waren, ausgenom-
men die Nora im Puppenheim, damals in Gänserndorf ...

Begonnen hatte sie als »Frau Holle« in der Aufführung
eines Kindertheaters. Als blutjunge Elevin war sie damals in
der Nachkriegszeit über die Bühne des Theaters der Jugend
gefegt und hatte von der ganz großen Karriere geträumt.
Fausts Gretchen, Hamlets Ophelia – sie hatte all diese Rollen einstudiert, konnte die wichtigsten Textpassagen immer
noch rezitieren.

Herr Rudi brachte ihr unaufgefordert einen Punsch.
»Zum Wohl, Madame Sophie«, sagte er lächelnd. Sie waren
nicht per Du, aber er durfte sie Sophie nennen. Sie mochte
diesen kleinen älteren Herrn mit den guten Manieren. Er war
eben ein echter Gentleman. Seine stark gerötete Schnapsnase verlieh ihm allerdings eine gewisse Ähnlichkeit mit dem
Rentier Rudolf.

Das Publikum in »Rudis Beisl« entsprach dagegen weniger ihren Ansprüchen. Doch da sich das Lokal im selben
Haus wie ihre kleine Wohnung befand, hatte sie es eben als
ihr Stammlokal auserkoren.

Nach dem ersten Glas Punsch taute sie ein bisschen auf,
begann sogar ein kleines Liedchen zu trällern, als sie mit
Hermann und Ludwig anstieß:

»Lasst uns froh und munter sein
und uns recht von Herzen freun ...«

Zugegeben, es war nicht ihr erster Punsch. Sie hatte sich
schon vormittags bei den Standeln auf der Mariahilfer Straße mit ein, zwei Promille aufgewärmt. Die Marktfrauen

wussten, wie wichtig die Weihnachtsmänner fürs Geschäft waren, und spendierten ihnen alle paar Stunden einen heißen Drink.

Als ihr Glas leer war, stand sie auf. »Ich komme gleich wieder, will mich nur rasch umziehen«, sagte sie und verschwand durch die Hintertür des Lokals. Die Anzüglichkeiten, die ihr die beiden Säufer nachriefen, hörte sie nicht mehr.

In ihrer Garconniere war es saukalt. Sie drehte die Heizkörper voll auf, zog das lästige Kostüm aus und gönnte sich eine heiße Dusche.

Sorgfältig wählte sie dann die passende Kleidung für den Heiligen Abend, einen knöchellangen weißen Wollrock, dazu einen hüftlangen schwarzen Rollkragenpullover.

Kritisch besah sie sich in einem der vielen Spiegel, die vor allem neben und über dem Bett hingen, das kleine Appartement größer erscheinen ließen und außerdem einen zusätzlichen Genuss für Liebesspiele versprachen.

Ihre Figur war noch intakt, hatte die Wechseljahre fast unbeschadet überstanden. Für allzu üppiges Essen hatte ihr schmales Budget nie gereicht. Ein trainierter, kräftiger Körper, der Busen etwas zu schlaff, aber dank eines teuren BHs rund und fest, die Hüften schmal wie eh und je, nur die Taille ließ etwas zu wünschen übrig. Sie kaschierte die kleinen Fettpolster mit einem breiten, mit falschen Edelsteinen besetzten Gürtel. Keine Kette, das wäre zu viel des Guten, aber vielleicht die langen Perlen-Ohrgehänge, die sie einem ihrer letzten Verehrer abgerungen hatte?

Besser nicht an ihn denken. Sie wollte sich den Heiligen Abend nicht verderben. Er war genauso ein Ekel wie alle anderen Männer in ihrem Leben gewesen. Anfangs verwöhnten sie einen mit Geschenken, flüsterten einem nette kleine Schweinereien ins Ohr, aber schon nach der ersten Vögelei entpuppten sie sich als bornierte, wehleidige, gottverdammte Arschlöcher. Sie hatte zu viel geliebt. Männer waren ihr Verhängnis gewesen. Keiner ihrer verflossenen Liebhaber war es wert, dass sie am Heiligen Abend auch nur einen Gedanken an sie verschwendete. Trotz allem verstand sie sich bis zum heutigen Tag besser mit Männern als mit Frauen. Mit Frauen konnte sie einfach nichts anfangen. Sie waren ihr Leben lang Konkurrentinnen für sie gewesen, feindliche, bösartige und äußerst gefährliche Wesen.

Sophie lächelte kurz ihr Spiegelbild an und verließ rasch wieder ihre unfreundliche, dunkle Wohnung im Erdgeschoß des frisch renovierten Gründerzeithauses in der Neubaugasse.

Die Renovierung würde sich natürlich demnächst auf die Miete niederschlagen. Sie fürchtete, sich diese Einraumwohnung im siebten Wiener Gemeindebezirk bald nicht mehr leisten zu können. Ein Zimmer in einem Seniorenheim des Wiener Kuratoriums war jedoch das Schlimmste, was sie sich vorstellen konnte. Lieber tot als lebendig begraben.

Als sie in »Rudis Beisl« zurückkehrte, nahm gerade ein jugendliches Pärchen auf den Hockern an der Theke Platz. Die Kleine war ganz in Schwarz gekleidet, leichenblass im Gesicht, dunkelroter Lippenstift, gepiercte Nasenflügel und schwarz umrandete Augen. Sie erinnerte Sophie an einen Vampir.

Der Junge hatte Pickel im Gesicht und wirkte ein bisschen einfältig, ging aber sehr liebevoll mit seiner Freundin um, legte seinen tätowierten Arm um ihre Hüfte und streichelte mit der anderen Hand ihre bleichen Wangen.

Sophie beobachtete die beiden, während Ludwig auf sie einredete. Sie hörte ihm nicht zu, die jungen Leute rührten sie an, sie sehnte sich plötzlich nach einer Jugend, die sie nie erlebt hatte: Händchen halten, kuscheln, verliebte Blicke ...

»Endlich mal ordentliches Frischfleisch in diesem Schuppen«, dröhnte Hermann und musterte begierig die schwarz bestrumpften Beine der Kleinen.

Sophie hatte nur einen abfälligen Blick für ihn übrig und hoffte, dass die Jugendlichen seine Worte nicht gehört hatten.

Am Heiligen Abend durfte man sich ein bisschen Sentimentalität erlauben. Gleichzeitig war sie sich der Komik dieser Situation bewusst. Aber der Traum von schönen Momenten, befriedigenden Augenblicken und die Illusion der großen Liebe waren stärker. Sie verdrückte ein paar Tränen – Tränen um ihre verlorene Jugend.

»Geht's endlich ficken«, schnaufte Ludwig und schüttete den Rest seines Rotweins in einem Zug hinunter. Auch er hatte nur Augen für die hübsche Kleine.

»Halt den Mund, du Idiot!«, fauchte Sophie ihn an.

Das junge Pärchen verlangte die Rechnung und verließ das Lokal.

Herr Rudi schaltete das Radio ein. Es war siebzehn Uhr. Zu jeder vollen Stunde spielt es »Stille Nacht, heilige Nacht«.

Tränen der Rührung kollerten nun auch über Ludwigs gerötete Wangen. Leise summte er mit. Hermann, anscheinend weniger sentimental, sang: »*Alles schläft, einsam wacht* ...«. Sein Bassbariton schallte laut durch das fast leere Lokal.

Sophie zog die Schneekugel, die mitten auf dem Tisch stand, auf. Der sehr blechern klingende Sound des Spielwerks übertönte Hermanns Gesang.

Bei den folgenden Weihnachtsliedern ging den Männern der Text aus, nur Sophie sang mit ihrer gebrochenen Altstimme:

»Am Weihnachtsbaume
die Lichter brennen ...«

»Lustig, lustig trallala ...«, brüllte Hermann dazwischen.

»Stille Nacht, heilige Nacht«, erklang es aus der Schneekugel.

Es begann zu schneien. Dicke Schneeflocken klopften ans Fenster.

»Komm, setz dich ans Fenster,
du lieblicher Stern;
malst Blumen und Blätter,
wir haben dich gern«, trällerte Sophie.

Nun wischte sich auch Hermann ein paar Tränen aus den Augen.

Herr Rudi spendierte, ebenfalls mit feuchten Augen, eine Runde Schnaps und trank selbst zwei Gläschen ex.

Sophie leerte den Inhalt ihres Glases in die Hydrokultur.

Als Ludwig unterm Tisch ihr Knie zu betatschen begann, ließ sie ihn gewähren.

Er prahlte wieder einmal mit seiner vollen Brieftasche. Anstatt sich, wie üblich, darüber lustig zu machen, hörte sie andächtig zu. Er hatte gerade bei einem Kunden ein bisschen Schwarzgeld kassiert. Eigentlich hatte er Weihnachtsgeschenke für seine erwachsenen Kinder und seine drei Enkel kaufen wollen. Stolz zeigte er Sophie und Hermann seine drei funkelnagelneuen Fünfhunderter. »So was habt ihr noch nie zu Gesicht bekommen, wie?«

Fasziniert starrte Sophie auf die violetten Scheine. Doch plötzlich hatte sie Mitleid mit ihm. Da offensichtlich weder seine Exfrau noch seine Kinder daran gedacht hatten, ihn am Heiligen Abend einzuladen, blieb ihm wohl nichts anderes übrig, als das Geld in »Rudis Beisl« zu versaufen.

Sie ging auf die Toilette, die sich im Hinterhof, gleich neben ihren vier Wänden, befand.

Tag und Nacht hörte sie in ihrer Küche die Geräusche der pinkelnden Männer. Jedes Mal, wenn sie kochte, verging ihr gründlich der Appetit.

Auf der Toilette war es saukalt. Herr Rudi war ein Sparmeister. Sie bereute, nicht auf ihr eigenes Klo gegangen zu sein.

Es schneite immer heftiger. Das kleine Fenster war voller Eisblumen. Während sie auf der kalten Klobrille saß, bemühte sie sich, einen klaren Gedanken zu fassen. Die Entscheidung fiel ihr nicht leicht. Ludwig war eindeutig lukrativer, Hermann aber viel attraktiver. Zum ersten Mal in ihrem Leben beschloss sie, die Vernunft und nicht das Herz bestimmen zu lassen.

Als sie an ihren Tisch zurückkehrte, stand ihr Entschluss fest. Sie würde Ludwig heute Abend um sein Schwarzgeld erleichtern. Herr Rudi würde, selbst wenn er einen Verdacht hegte, schweigen. Wirte wissen, wann sie den Mund zu halten haben. Und der gute alte Hermann stellte sowieso kein Risiko dar. Er hatte nicht nur Schiss vor der Polizei, sondern würde sich nicht einmal blöd stellen müssen. Er war eben nichts anderes als ein hübsches, dummes Mannsbild.

Rudis unangenehm hohe Fistelstimme riss sie aus ihren Träumen.

»Eine letzte Runde, auf Kosten des Hauses!«, rief er und servierte seinen Gästen Prosecco in Champagnergläsern. »Aber lasst euch ruhig Zeit, ich hab's nicht eilig. Auf mich wartet ohnehin keiner«, sagte er und schaute Sophie traurig in die Augen. »Sie sehen heute Abend besonders hübsch aus«, flüsterte er. Nicht nur seine Nase leuchtete rot, auch seine Wangen hatten sich gerötet.

Sophie tippte auf hohen Blutdruck und schenkte ihm ein aufmunterndes Lächeln. Schwermütige Männer waren ihr nun einmal die liebsten.

»*Rudolf, das kleine Rentier mit der leuchtend roten Nas...*«, ertönte aus dem Radio.

»*Die anderen hatten ihren Spaß*«, brummte Hermann mit. Dann trank er sein Glas in einem Zug leer, erhob sich, wankte Richtung Tür und stolperte prompt über den lachenden Weihnachtsmann neben dem Eingang.

Ludwig sprang auf, legte einen Hunderter auf den Tisch, sagte großspurig zu Herrn Rudi: »Das wird wohl reichen«, und half seinem Saufkumpan, die Tür zu finden. Keiner der beiden verabschiedete sich von Sophie.

Der Traum vom weihnachtlichen Geldsegen war ausgeträumt. Sophie schnappte sich den kleinen Polster, auf dem Hermann gesessen war – selbst ihr Hinterteil tat ihr weh nach diesem langen Arbeitstag –, da erblickte sie plötzlich vier eingeschweißte blaue Pillen auf der Bank. Sie mussten Hermann aus der Hosentasche gerutscht sein.

»Viagra, oh la la«, murmelte sie und nahm zwei der Wunderpillen aus der durchsichtigen Verpackung. Wer weiß, ob sie nicht irgendwann einmal einen dankbaren Abnehmer dafür finden würde.

»Schauen Sie, Herr Rudi, was ich gerade gefunden habe. Die müssen dem Hermann gehören. Vielleicht heben Sie diese wertvollen Pillen für ihn auf? Er scheint sie dringend nötig zu haben.«

Der Wirt räumte gerade den Geschirrspüler ein. Das Bücken schien ihm nicht mehr leichtzufallen. Er schnaufte schwer und sein Gesicht war nach wie vor stark gerötet, als er hinter der Theke hervorkam. Mit glasigen Augen schaute er sie unsicher an, als sie ihm die angefangene Packung Viagra reichte.

»Und was machen wir beide nun mit der Heiligen Nacht?«, fragte Sophie grinsend.

»Wol…len Sie noch etwas trinken?«, stammelte Herr Rudi.

»Gerne, aber vielleicht bei mir drüben? Sie haben doch längst Sperrstund.«

Herr Rudi nickte nur. Anscheinend hatte es ihm, ob der unverhofften Einladung, die Rede verschlagen.

Er schaltete die Kaffeemaschine aus, den Geschirrspüler ein, sperrte die Eingangstür zu und machte alle Lichter im Lokal aus. Dann drehte er noch einmal den Wasserhahn über dem kleinen Abwaschbecken auf und trank einen Schluck aus der Leitung. Von der Straßenbeleuchtung in der Neubaugasse fiel Licht herein. Sophie war nicht entgangen, dass er eine der blauen Pillen mit dem Leitungswasser hinuntergespült hatte.

»Spendierst du uns noch ein Fläschchen Sekt?« Sie fand es angebracht, jetzt zum Du überzugehen.

»Ich nehme auch den restlichen Punsch mit. Er schmeckt fantastisch.« Sie klemmte sich die halbvolle Schüssel unter den Arm und ging zur Hintertür, während er sich noch an der Theke zu schaffen machte.

»Komm endlich!«

Hastig folgte er ihr über den finsteren Gang, der zwischen seinem Lokal und ihrer Wohnung lag.

Erleichtert hatte sie registriert, dass er die Hintertür des Lokals nicht zugesperrt hatte. Sophie hatte inzwischen umgeplant. Sie war eben eine kreative Frau. Sie würde Rudi so lange zum Trinken animieren, bis er einschlief und sich dann aus seiner neuen Registrierkasse bediente. Die Vordertür des Lokals würde sie von innen aufsperren und den Schlüssel steckenlassen. Bestimmt würde er nach einem Vollrausch nicht mehr wissen, ob er zugesperrt hatte oder nicht. Er würde sie sicher nicht verdächtigen. Schließlich war sie Schauspielerin. Morgen früh würde sie die Halbbewusstlose spielen, die sich an überhaupt nichts mehr erinnerte.

Sie bat Rudi, auf ihrem Sofa Platz zu nehmen, und ging in ihre Kochnische. Sein Glas füllte sie bis obenhin mit Punsch und warf dann eine der beiden blauen Wunderpillen hinein. In ihr eigenes Glas gab sie nur einen Fingerbreit Punsch und leerte Pfirsichsaft dazu. Dann setzte sie sich ihm gegenüber in ihren einzigen Fauteuil und prostete ihm zu.

»Frohe Weihnachten, Rudi«, säuselte sie zuckersüß.

Ihre Unterhaltung war ziemlich einseitig. Sie redete wie aufgezogen, ihm fielen immer wieder die Augen zu.

Irgendwann legte sie ihre einzige CD mit Weihnachtsliedern in den CD-Player. Nachdem von »Oh Tannenbaum« bis

»Stille Nacht, heilige Nacht« alle Lieder verklungen waren, schaltete sie erneut auf »Play« und öffnete die Sektflasche.

»Ich kann nicht mehr«, seufzte Rudi.

»Nur zum Anstoßen«, sagte sie.

Nach dem ersten Schluck schien Rudi wie verwandelt, was sicher nicht an dem billigen Sekt lag, sondern eher am Viagra.

Plötzlich benahm er sich gar nicht mehr wie ein Gentleman. Weder küsste er sie, noch streichelte er sie zärtlich. Er packte sie an den Armen, öffnete den Reißverschluss seiner Hose, zwang sie, sich auf ihr Sofa zu knien, riss ihr Rock und Höschens runter und drang sofort in sie ein.

Er tat ihr weh.

Sie schrie. Doch ihr Schrei schien ihn nur noch mehr anzutörnen. Seine Stöße wurden heftiger.

Sie versuchte ihn abzuschütteln. Er zerrte sie an den Haaren und schlug ihr ins Gesicht, als sie sich nach ihm umdrehte. Ihr schwanden beinahe die Sinne. Sie gab jeden Widerstand auf, hoffte nur, er würde bald kommen. Aber er machte weiter, immer weiter. Für einen fast Sechzigjährigen war er blendend in Form. Kein Wunder, nachdem er gleich zwei von diesen Potenzpillen intus hatte.

Doch plötzlich vernahm sie schweres Schnaufen hinter sich.

»Endlich«, stöhnte sie erleichtert und wagte es, sich nach ihm umzudrehen.

Seinem weit aufgerissen Mund entkam ein krampfartiges Stöhnen. Er hatte seine Augen geschlossen und hielt beide Hände vor seine Brust.

Sie spürte seinen Schwanz nicht mehr. Es war vorbei.

Rasch wälzte sie sich auf den Rücken.

Rudi rang noch immer verzweifelt nach Luft. Als er vornüberkippte, versetzte sie ihm einen heftigen Stoß. Er landete auf dem Teppichboden.

Sein Stöhnen würde sie sicher noch viele Nächte lang verfolgen. Aber was waren schon Albträume verglichen mit all den Ängsten und der Verzweiflung, die sie seit Monaten auch tagsüber quälten?

Rudis viel zu kurzen, spindeldürren Beinchen begannen zu zucken. Sein kleiner runder Bierbauch spannte sich ein letztes Mal an. Sein Röcheln wurde leiser und verstummte schließlich.

Sophie unternahm keinerlei Wiederbelebungsversuche, rief auch nicht die Rettung, blieb einfach auf dem Sofa sitzen.

Erst als sie keinen Ton mehr aus seinem Mund vernahm, beugte sie sich über ihn und starrte eine Weile in seine toten Augen.

Jetzt nur keine Panik, versuchte sie sich selbst zu beruhigen, ließ Rudi auf dem Boden liegen, zog ihren weißen Wollrock wieder an, streifte ihre weißen Lederhandschuhe über und eilte ins Beisl.

Die Einnahmen des Tages würden hoffentlich mindestens ebenso üppig sein wie Ludwigs Schwarzgeld. Freudig erregt wollte sie sich über die Kasse hermachen.

Sie war abgesperrt.

Sophie durchsuchte jedes Schrankfach und jede Schublade, fand aber keinen Schlüssel. Verzweifelt rannte sie zurück in ihre Wohnung, drehte die Hosentaschen des Toten um. Außer einem Taschentuch und einem Feuerzeug hatte er nichts bei sich. Schließlich suchte sie jeden Meter zwischen ihrer Wohnung und »Rudis Beisl« ab. – Vergebens.

Tränen der Wut rannen über ihre geschminkten Wangen. All ihre Versuche, die Kasse mithilfe von Messern und Gabeln aufzubrechen, scheiterten. Irgendwann gab sie auf, kehrte in ihre Wohnung zurück und zog wieder ihr Weihnachtsmannkostüm an. Sie hatte es vor Jahren aus dem Kostümfundus eines Theaters geklaut.

Ein letztes Mal umarmte sie den netten Rudi, der sich letzte Nacht als weniger nett entpuppt hatte, zog ihn hoch und schleppte ihn die menschenleere Neubaugasse hinunter zur Mariahilfer Straße.

Trotz der klirrenden Kälte begann sie zu schwitzen. Alle paar Meter legte sie eine Pause ein, lehnte Rudi an eine Hausmauer, versuchte, ihn mit ihrem Körper zu stützen, und wischte sich den Schweiß vom Gesicht. Die Weihnachtsbeleuchtung war ausgeschaltet. Auch die Auslagen der Geschäfte waren zum Glück nicht mehr hell erleuchtet. Es schneite nach wie vor sehr heftig. Die Gehsteige waren mit einer mindestens zwanzig Zentimeter dicken Schneeschicht bedeckt. Ein Schneepflug der Wiener Stadtwerke zog auf der bekannten Einkaufsstraße einsam seine Bahn.

Sie erschrak.

Ein Weihnachtsmann in heißer Umarmung mit einem Besoffenen? Sie hoffte, dass sich der Magistratsbedienstete keine weiteren Gedanken über sie und ihren seltsamen Begleiter machen würde.

Vor dem Eingang eines Lokals, in dem man sich angeblich mit Drogen eindecken konnte, ließ sie den Toten zu Boden gleiten.

Ein alter, versoffener Wirt mit zu viel Punsch im Bauch, der am Heimweg in der Kälte der Heiligen Nacht einen Herzinfarkt bekommen hatte? Vielleicht hatten dem armen Kerl der starke Schneefall und die sibirischen Temperaturen dann endgültig den Garaus gemacht?

Zurück in ihrer düsteren, feuchtkalten Wohnung, legte sie wieder ihre einzige Weihnachts-CD ein, goss sich ein Glas Sekt ein und prostete ihrem Spiegelbild zu.

Rudis bleiches Konterfei tauchte verschwommen hinter ihrem Gesicht auf. Vorwurfsvoll starrte er sie an.

»*Lasst uns froh und munter sein*«, schallte es durch den tief verschneiten Hinterhof im siebten Wiener Gemeindebezirk, als sie zwei Schlaftabletten mit Sekt hinunterwürgte.

Bevor sie einschlief, fiel ihr ein, dass sie vergessen hatte, auf dem kleinen Schlüsselbord neben der Hintertür des Beisls nachzusehen. Bestimmt hatte Rudi, ordentlich wie er nun einmal war, seinen Schlüsselbund, auf dem sich höchstwahrscheinlich auch der Schlüssel für die Registrierkasse befand, wie immer dort hingehängt. Sie hatte ja gesehen, dass er die Hintertür nicht abgesperrt hatte.

Doch sie war bereits zu benommen, um noch einmal aufzustehen. »Tomorrow is another day«, fiel ihr Scarletts Schlusssatz aus »Vom Winde verweht« ein, bevor sie in Morpheus Arme sank.

Vater gesucht

Stille Nacht, tödliche Nacht

Maria war schwanger. Keiner außer ihr wusste Bescheid. Ihr war nie schlecht. Weder während der Chorproben noch bei der Arbeit musste sie sich übergeben. Da sie nicht die Schlankeste war, fiel auch niemandem auf, dass sich ihr Bäuchlein in den letzten Monaten noch mehr gerundet hatte.

Sie hatte sich immer ein Kind gewünscht. Schon als kleines Mädchen war sie eine perfekte Puppenmutti gewesen. Maria hatte nur ein Problem. Es gab offiziell keinen Vater für ihr Kind.

Was das in diesem verschlafenen Dorf Reitenau am Fuße der Hohen Tauern, unweit des Zeller Sees, bedeutete, war ihr schmerzlich bewusst geworden, als sie in einer Apotheke in Zell am See einen Schwangerschaftstest gekauft und das Ergebnis sie kurz danach auf der Bahnhofstoilette in Angst und Schrecken versetzt hatte.

Mit Tränen in den Augen bestellte sie sich danach im Stadtcafé einen hochprozentigen Obstler. Die nette blonde Kellnerin betrachtete sie mit mitleidigen Blicken und servierte ihr ein großes Glas Wasser zum Schnaps.

Anschließend zündete Maria in der benachbarten Stadtpfarrkirche von Zell am See zwei Kerzen an. Eine für sich selbst und eine für das Kind in ihrem Bauch.

Als Väter kamen gleich drei Männer infrage. Zwei Väter zu viel, das war auch ihr klar. Schließlich war sie nicht geistig minderbemittelt. Finanziell allerdings sehr wohl. Mit ihrem schlechtbezahlten Job als Kellnerin beim »Goldenen Ochsen« würde sie kein Kind ernähren können. Sowohl der verheiratete Chorleiter, der Herr Hauptschuldirektor, als auch ihr Chef, der ebenfalls gut verheiratete Besitzer des »Goldenen Ochsen«, und auch der neue Herr Pfarrer waren Anwärter auf die Vaterschaft.

Maria mangelte es an Selbstbewusstsein. Zwar hatte sie beim Kellnerieren gelernt, sich gegen die Zudringlichkeiten besoffener Gäste zu wehren, neuerdings hängte sie ihnen manchmal sogar eine Goschn an, aber sie wusste sehr wohl, dass sie Freiwild für die Männer des Dorfes war. Die Frauen schnitten sie sowieso. Sie galt als Flitscherl, als eine, die leicht zu haben war. Niemand konnte sie leiden, außer ihrer Tante, der alten Käthe. Auch keiner der anständigen Burschen interessierte sich für sie. Nicht weil sie mollig war, es gab viel dickere und weniger hübsche Dirndln im Dorf, die trotzdem einen Freund oder Verlobten hatten. Ihre Tante behauptete sogar, sie hätte ein schönes, ebenmäßiges Madonnengesicht. Wahrscheinlich beneideten sie auch darum viele der anderen Mädchen mit den derben Gesichtszügen. Nein, es lag nicht an ihrem Aussehen, sondern an ihrer sozialen Stellung, das hatte ihr eine ihrer Trainerinnen bei einem der zahlreichen AMS-Kurse, die sie in Saalfelden besucht hatte, erklärt. Sie wäre ein »Underdog«, hatte die Frau gemeint, hätte keinerlei familiären Rückhalt, was in einer Dorfgemeinschaft aber unheimlich wichtig wäre.

Reitenau war vom Massentourismus bisher verschont geblieben, da es am Ende eines langen, engen Tals lag. Im Winter drang kein einziger Sonnenstrahl in das Dorf. Entsprechend düster und kalt waren auch die Gemüter seiner Bewohner.

In Kaprun und vor allem in Zell am See herrschte schon seit Jahrzehnten eine wild ausufernde Goldgräberstimmung. Aus den Bauern waren längst wohlhabende Hoteliers, Gastwirte oder Skiliftbesitzer geworden, die zwar über die vielen Touristen ständig schimpften, sich aber dennoch mit ihnen abgefunden hatten. Schließlich waren sie Garanten für ihren Wohlstand. In Reitenau gingen die Uhren anders, obwohl auch dort die Gier der Einheimischen immer größer wurde. Einige schlaue Bauern hatten die Viehwirtschaft bereits aufgegeben und ihre Almen an Skiliftbetreiber verpachtet. Auch der Wirt vom »Goldenen Ochsen« hatte sich in den beiden letzten Wintersaisonen eine goldene Nase an den Wochenendtouristen verdient. Es hatte sich herumgesprochen, dass man bei ihm billig essen konnte und die Portionen zudem riesig waren. Seither kehrten vor allem diejenigen, die nach der Abzocke am Kitzsteinhorn beim Essen wieder ein wenig einsparen wollten, im »Goldenen Ochsen« ein.

Den Laden schupfte Maria fast allein. Der Sepp stand nur hinter der Theke, zapfte Bier, unterhielt sich mit seinen Stammgästen und schnauzte sie hin und wieder an, weil sie ihm nie schnell genug sein konnte. Dabei war sie die schnellste und wahrscheinlich auch freundlichste Kellnerin im ganzen Salzburger Land. Geizig und gierig, wie der Sepp nun einmal war, stellte er nicht mehr Personal ein.

Maria wurde demnächst zwanzig und hatte bisher noch keinen einzigen festen Freund gehabt. Zum Teil gab sie sich selber die Schuld. Wahrscheinlich hätte sie beim Stallinger-Franzl und beim Huber-Max nicht so schnell Ja sagen sollen.

Beide waren Söhne von Großbauern, verwöhnte, großspurige Burschen, die mit ihren Eroberungen prahlten. Warum war sie nur auf diese beiden Idioten hereingefallen? Ein einziges Mal war sie richtig verliebt gewesen, und zwar in den ältesten Sohn des Chorleiters. Der Ferdi und sie waren gleich alt und miteinander in die Schule gegangen. Sein Vater, der Hauptschuldirektor, hatte jedoch zu verhindern gewusst, dass sich der Ferdi mit ihr einließ.

Sie war Waise seit ihrem zwölften Lebensjahr, als ihre Eltern bei einem Lawinenunglück ums Leben gekommen waren. Die Lawine hatte ihr Elternhaus mitgerissen. Die Versicherung hatte viel zu wenig gezahlt. Die alte Käthe, eine Tante ihrer Mutter, hatte sie bei sich aufgenommen. Käthe war eine arme Haut und ein bisschen sonderbar. Die anderen Dorfbewohner machten sich oft über sie lustig, wenn sie in der Dämmerung durch den Wald lief und mit sich selbst sprach. Von den Kindern wurde sie wegen ihrer schlimmen Osteoporose als Hexe verspottet.

Eigentlich hätte Maria Kindergärtnerin werden wollen. Sie war eine gute Schülerin gewesen. Aber nach diesem schrecklichen Unglück hatte sie eben nur den Hauptschulabschluss machen können und danach ein paar Kurse am AMS besucht. Da keine bessere Stelle in Aussicht war, hatte sie schließlich den schlechtbezahlten Kellnerinnenjob im »Goldenen Ochsen« angenommen.

Mit dem Wirt hatte sie es schon öfters getrieben. Immer wenn er besoffen war, und das war er fast täglich, hatte er ihr unter den Rock gegriffen. Meistens hatte sie sich ihm verwehrt, manchmal aber nachgegeben. Schließlich war er ihr Chef und sie total von ihm abhängig. Da er mit seiner Alten keine Kinder hatte, zweifelte sie jedoch an der Qualität seiner Spermien.

Der Hauptschuldirektor und Chorleiter hatte sie vor drei Monaten, gleich bei der ersten Chorprobe, vor die Wahl gestellt, entweder sie mache die Beine für ihn breit oder sie dürfe nicht das »Ave Maria« am ersten Weihnachtsfeiertag singen. Dabei hatte sie eindeutig die beste Stimme von allen.

Widerwillig hatte sie die fünfminütige Tortur oben bei der Orgel über sich ergehen lassen. Aber wer weiß, vielleicht waren seine Spermien, trotz seiner Betagtheit, nach wie vor sehr lebenslustig? Immerhin hatte er fünf Kinder mit seiner Frau gezeugt.

Der Herr Pfarrer war ein ganz anderer Fall. Sie liebte ihn, seit er die Pfarre vor einem Jahr übernommen hatte, liebte sein schwarzes Haar, seine braunen Augen, seinen fast immer lächelnden Mund. Er war groß gewachsen, sehr schlank und hatte wunderbare Hände, richtige Pianistenhände, die ihr bisher unbekannte Lust verschafft hatten. Er passte auch altersmäßig besser zu ihr, war an jenem Tag, den sie nie vergessen würde, dreiunddreißig geworden. Anlässlich seines Geburtstages hatte er ein Gläschen zu viel getrunken. Er war nicht an Alkohol gewöhnt wie die anderen Männer im Dorf. Das hatte sie schamlos ausgenützt. Nicht nur, um die Vögelei mit dem ekelhaften Chorleiter zu vergessen, hatte sie alles darangesetzt, diesen wunderbaren Geistlichen gleich am nächsten Abend zu verführen.

Sie hatte vor der Kirche im Dorf auf ihn gewartet, ihm gesagt, dass sie mit ihm allein reden müsse. Er hatte gedacht, sie wolle beichten, hatte das Kirchentor wieder aufgesperrt und sie zum Beichtstuhl geführt. Anstatt in dem winzigen

Kabäuschen auf der Seite der Sünder Platz zu nehmen, hatte sie sich zu ihm hineingedrängt, sich auf seinen Schoß gesetzt und ihn geküsst. Zum Glück war wenigstens er schlank, denn sonst hätten sie zu zweit nicht in den engen Beichtstuhl gepasst.

Viel mehr als ihn zu küssen, hatte sie nicht machen müssen. Der Herr Pfarrer war sofort erregt gewesen. Kein Wunder, wahrscheinlich hatte sie ihm an jenem Abend seine Unschuld geraubt?

Jedenfalls war er sehr liebevoll und zärtlich gewesen, hatte sie gestreichelt, ihre Brüste liebkost und auch ihre Scham, bevor er in sie eingedrungen war.

Nachher hatte er große Schuldgefühle gehabt und sie gebeten, zehn Vaterunser und mehrere Rosenkränze zu beten. Sich selbst hätte er am liebsten auspeitschen wollen. Tja, so eine Vögelei in einem Beichtstuhl schien tatsächlich eine schwere Sünde zu sein. Am darauffolgenden Sonntag ratterte sie die vielen Vaterunser und Rosenkränze herunter und fühlte sich danach völlig frei von Schuld.

Leider hatte es der Herr Pfarrer nach dieser leidenschaftlichen Begegnung tunlichst vermieden, ihr allein über den Weg zu laufen. Egal, welche Anstalten sie traf, ihn nach der Messe abzupassen, er hatte jedes weitere intime Zusammensein mit ihr erfolgreich vermieden.

Ein Kind von ihm würde sie sicher lieben können. Aber wie gesagt, sie wusste nicht, wer sie geschwängert hatte. Und diese Ungewissheit machte sie krank. Sie schlief kaum noch, hatte in den letzten Wochen ab- statt zugenommen. Auch ihr Gesicht war eingefallen, erinnerte momentan eher an die ätherische Madonna eines italienischen Malers als an die fröhliche rotwangige Kellnerin vom »Goldenen Ochsen« am Fuße des Kitzsteinhorns, dem schönsten und höchsten Berggipfel im Salzburger Land.

Als sie einsah, dass sie ihre Träume von einem gemeinsamen Leben mit dem Herrn Pfarrer aufgeben musste, er sie niemals als Köchin oder Haushälterin anstellen würde, wurde sie missmutig und unleidlich. Sie stritt sich sogar manchmal mit der alten Käthe und benahm sich oft patzig, wenn die ständig besoffenen Stammtischbrüder ihr ausladendes Hinterteil tätschelten, während sie ihnen die Bierkrügel vor ihre Schnapsnasen knallte. Damals tauchten die ersten Gedanken an Rache auf.

Und nun war endlich der wichtigste Tag des Jahres, der Tag aller Tage, gekommen.

Als sie am Heiligen Abend in der klirrenden Kälte durch den knöchelhohen Schnee zur Christmette hinauf in die Bergkapelle stapfte, kam ihr plötzlich eine Idee. Wie ein Komet in einer sternenklaren Nacht erschien ihr *die* Lösung für ihr Dilemma. Sie würde zumindest zwei der infrage kommenden Väter zur Kasse bitten und sich und ihrem Balg ein schönes Leben ermöglichen. Zum Glück wusste keiner der drei Männer von den anderen.

Mondlicht und Sterne beleuchteten den abgeholzten Berg, ließen ihn in milchigem Glanz erstrahlen. In der Ferne ragten die Stützen eines Sessellifts bedrohlich in den unendlichen Himmel. Die tiefverschneite Landschaft wirkte beinahe unwirklich, versetzte sie in eine Art Trancezustand.

Ihre Verzweiflung und ihre Zukunftsängste schwanden dahin.

Der Weg zur Kapelle, die sich in über tausend Meter Seehöhe befand, war beschwerlich. Sie war froh, ihre neuen, übers Knie reichenden Stiefel anzuhaben, denn oft versank sie fast einen halben Meter im Schnee. »Hurenstiefel«, hatte die alte Käthe gesagt, als sie diese schwarzen Raulederstiefel von ihrem letzten Ausflug nach Zell am See mitgebracht hatte. Nach dem Ergebnis des Schwangerschaftstests hatte sie sich einfach einen kleinen Trost gönnen müssen.

Sie überlegte, hinüber zur präparierten Skipiste zu gehen. Ein ziemlicher Umweg. Außerdem war die Piste sicher vereist. Einen Sturz wollte sie in ihrem Zustand lieber nicht riskieren. Obwohl auch das vielleicht eine Lösung für ihr Problem gewesen wäre.

Die Mitternachtsmette würde erst in einer Stunde beginnen. Sie wollte mit den potenziellen Vätern ihres Kindes unbedingt vorher sprechen.

Als sie endlich bei der Kapelle angelangt war, fand sie diese noch verschlossen. Durch die winzigen Fenster drang allerdings ein schwacher Lichtschein heraus.

Vielleicht war der Herr Pfarrer ja schon da? Aber warum hatte er hinter sich zugesperrt? Wegen ihr? Garantiert fühlte er sich von ihr verfolgt. Es war ihm sicher nicht entgangen, dass sie, die nun wahrlich keine Betschwester war, im Advent nicht nur jeden Sonntag die Heilige Messe in der Dorfkirche besucht hatte, sondern auch manchmal eine Frühmette unter der Woche, obwohl sie täglich bis zur Sperrstunde im »Goldenen Ochsen« schuftete.

Sie wagte es nicht anzuklopfen, blieb lieber frierend unter dem kaum Schutz bietenden winzigen Vordach der Kapelle stehen. Inzwischen hatte es wieder zu schneien begonnen. Dicke Flocken tanzten vor ihrem halbvermummten Gesicht hin und her, setzten sich frech auf ihre Nase. Prompt begann sie zu nießen. Schnupfen konnte sie jetzt auch keinen brauchen. Soviel sie wusste, sollten Schwangere keine Medikamente nehmen.

Zitternd vor Kälte begann sie rund um die Kapelle zu laufen, versank hin und wieder knöcheltief im Schnee und war erneut froh, die Oversize-Stiefel anzuhaben. Ihr wattierter Wintermantel leistete ihr ebenso gute Dienste wie ihre selbstgestrickte dicke Wollhaube und die warmen Fäustlinge.

Als Erster tauchte der Heuchler und Scheinheilige auf.

Den Herrn Hauptschuldirektor und Chorleiter traf fast der Schlag, als sie ihn freundlich begrüßte.

Sie wusste, dass er demnächst das Grundstück neben seinem Haus kaufen wollte und vierzigtausend Euro dafür hinlegen musste. Offensichtlich besaß er jede Menge Kohle.

»Aus dem Kauf deiner benachbarten Parzelle wird wohl nichts werden«, sagte sie und verlangte von ihm eine Pauschale von fünfzigtausend Euro. »So viel wird dir dein sechstes Kind wohl wert sein. Sollte sie oder er in ein Gymnasium gehen oder gar studieren wollen, werde ich dich aber wieder zur Kasse bitten müssen. Du kannst jetzt schon zu sparen anfangen.«

Der Herr Direktor war sprachlos, stammelte, dass er es sich überlegen würde. Er konnte seine Augen nicht von ihren Overknees wenden. Seine lüsternen Blicke machten sie noch wütender.

Er hatte sie schon vor ein paar Jahren, genauer gesagt in ihrem letzten Schuljahr, angemacht. Damals hatte sie ihm entkommen können. Dieser Vergewaltigungsversuch hatte jedoch schlimme Folgen für ihre Seele gehabt. Sein Sohn, der Ferdi, hatte sie und seinen Vater mit heruntergelassener Hose in der Mädchengarderobe überrascht und danach nichts mehr von ihr wissen wollen. Vor drei Monaten hatte der alte geile Bock sie dann wegen des »Ave Marias« doch noch rumgekriegt.

»Lass uns irgendwann in aller Ruhe darüber reden«, sagte der Chorleiter mit zitternder Stimme.

»Wir erledigen das jetzt gleich oder ich gehe morgen zur Polizei und zeig dich wegen Vergewaltigung an.«

»Da kommen schon die anderen Sänger und meine Frau und die Kinder.« Er deutete auf die kleine Gruppe, die sich gerade aus dem Dunkel des Waldes schälte.

»Na gut, dann reden wir halt nach der Mette. Schick deine Alte mit den Kindern heim. Und wir treffen uns unten beim Hochsitz am Wildbach. Aber ich warne dich, wenn du nicht erscheinst, wissen morgen alle im Dorf Bescheid.«

Der Wirt vom »Goldenen Ochsen« kam, wie fast immer, zu spät. Schwer schnaufend betrat er die Kapelle. Maria hatte bereits ihren Platz im Chor eingenommen.

Die Mette war eine einzige Katastrophe. Der Pfarrer geriet ins Stottern. Der Chorleiter war nicht bei der Sache, gab falsche Einsätze. Es herrschte ein schreckliches Durcheinander. Auch Maria patzte mehrmals bei »Stille Nacht, heilige Nacht«. »Gottessohn« ertönte ziemlich schrill aus ihrem Mund. Als das Jesuskind endlich in die Krippe gelegt werden sollte, fiel das Licht aus. Stromausfall. Im Dunkeln verließen die Gläubigen die Kapelle.

Maria eilte als eine der Ersten hinaus, stieß an der Tür fast mit dem Wirt zusammen.

»Ich wart hinten auf dich«, flüsterte sie ihm ins Ohr.

Kaum hatte sie den heiligen Ort verlassen, zündete sie sich eine Beruhigungszigarette an, obwohl sie sich fest vorgenommen hatte, während der Schwangerschaft nicht zu rauchen.

Eine kleine dicke Gestalt folgte ihr hinter die Kapelle. Der Wirt vom »Goldenen Ochsen« war allein in der Mette gewesen, hatte seine kränkliche Frau zuhause gelassen. Sogar heute, am Heiligen Abend, trug er unter einem Lodencape seine ausgebeulte speckige Lederhose und knallrote gewalkte Stutzen. Vielleicht behielt er diese Hose ja sogar beim Schlafen an? Sie hatte noch nie das Bett mit ihm geteilt, sondern es immer nur hinter der Schank oder auf dem Klo mit ihm getrieben. Als er einmal von ihr verlangt hatte, es ihm mit dem Mund zu machen, hatte sie sich wegen des scheußlichen Uringestanks, den diese labbrige, fleckige Hirschlederhose verströmte, übergeben müssen, bevor noch irgendetwas passiert war.

Auch der Sepp heizte sich jetzt eine an. »Hast du es schon wieder nötig?«, fragte er und griff ihr mit der anderen Hand zwischen die Beine.

Der Himmel war nach wie vor klar, die Sterne leuchteten, das Licht des Mondes tauchte die verschneite Landschaft in einen silbernen Glanz.

Weder Maria noch der Wirt bemerkten, dass ihnen jemand gefolgt war und sie nicht nur beobachtete, sondern auch jedes ihrer Worte mitanhörte.

Maria schlug dem Wirt auf die Finger. »Du wirst demnächst Papa, Sepp.«

»Spinnst du?«

»Nein, ich bin schwanger, und zwar von dir.«

»Das gibt's nicht! Der Doktor hat gesagt, dass ich keine Kinder zeugen kann.«

»Der Doktor hat sich anscheinend geirrt. Wahrscheinlich ist deine Alte unfruchtbar.«

Er holte aus, wollte sie schlagen.

Sie duckte sich, lachte ihm ins Gesicht. »Hast wohl Angst, dein Wirtshaus zu verlieren, wenn deine Anni dahinterkommt, dass du mit mir vögelst? Der ›Goldene Ochse‹ gehört doch ihr, oder?«

Sein zweiter Schlag hätte sie fast erwischt. Seine Faust streifte zum Glück nur ihre Schulter.

Rasch machte sie sich aus dem Staub.

Der Sepp lief hinter ihr her. Den Mann, der ihm folgte, sah er nicht.

Maria lief, so schnell sie konnte, blieb aber immer wieder mit ihren hohen Absätzen im Schnee stecken. Der übergewichtige Wirt war jedoch noch langsamer als sie. Der Abstand zwischen ihnen vergrößerte sich, als sie den Wald erreichte.

Der Sepp galt als brutaler Hund. Sie hatte seine Brutalität schon öfters zu spüren bekommen. Schwer atmend lief sie weiter, wusste nicht mehr, wohin sie rannte, hielt sich an Baumstämmen fest, um nicht hinzufallen.

Die Angst kroch ihr die Kehle hoch. Sie wollte um Hilfe schreien, brachte aber keinen Ton heraus.

Während sie sich von Baumstamm zu Baumstamm hantelte, wurde sie immer panischer. Er würde sie umbringen, wenn er sie erwischte, davon war sie überzeugt.

Der Wald wurde dichter. Doch plötzlich tat sich eine kleine Lichtung vor ihr auf und in der Ferne spiegelte sich der Mond im Wasser des Wildbaches. Sie hatte ihren rechten Fäustling verloren, wahrscheinlich war er an einem der Bäume hängen geblieben.

»Bleib endlich stehen, du blöde Kuh, ich kann nicht mehr«, schnaufte der Wirt, als auch er beim Wildbach angelangt war.

Der Bach führte Hochwasser, war wegen der heftigen Regenfälle im Herbst zu einem reißenden Fluss geworden.

»Ich tu dir nichts, ich will nur mit dir reden ...«. Seine Stimme klang fast weinerlich.

Erleichtert blieb sie stehen, schaute ihn an. Ängstlich und herausfordernd zugleich.

»Du weißt, meine Alte is a gemeines Luder. Auch wenn sie sich wegen ihrer Gicht kaum mehr rühren kann, macht sie mir immer noch das Leben zur Hölle. Fahr nach Salzburg oder von mir aus nach Wean und lass es wegmachen. Ich geb dir das Geld. Brauchst keine Angst haben ...«, stammelte er.

»Ich hab keine Angst, aber für eine Abtreibung ist es zu spät. Ich bin schon im vierten Monat. Du kannst übrigens gleich ab Jänner mit dem Zahlen anfangen. Solang ich schwanger bin, will ich diesen ungesunden Kellnerinnenjob nicht mehr machen. Oder hättest gern einen behinderten Erben?«

»Spinnst du jetzt komplett? Ich brauch dich im Geschäft! Es beginnt die Hauptsaison. Soll ich mir einen von
diesen verlausten Asylanten nehmen, nur weil du schwanger bist? Da täten sich unsere feinen Gäste aus München
aber schön beschweren.«

Von welchen Leuten sprach er bloß? Sie erinnerte sich an
keinen einzigen feinen Münchner.

»Die alte Hexe, bei der du wohnst, ist doch eh a Engel-
macherin. Die hat schon vielen Weibern geholfen«, fuhr er
fort. »Ich werd mich nicht lumpen lassen ...«

»Ich will das Kind! Heutzutage ist es kein so großes
Problem mehr, wenn man als Ledige schwanger wird. Ich
werde nur Geld brauchen, um es allein aufziehen zu
können. Aber wer weiß, vielleicht stirbt deine Alte eh
bald, dann kannst mich ja heiraten und den Kleinen adop-
tieren.«

Er packte sie an den Armen, schüttelte sie und schrie:
»Du machst es weg, gleich morgen. Sonst bring ich dich mit-
samt dem Bankert in deinem Bauch um!«

Prompt begann Maria zu heulen. Seit Beginn ihrer
Schwangerschaft war sie viel zu oft den Tränen nahe. Die
Hormone spielen halt verrückt, dachte sie verärgert und bemühte sich, wieder cool zu sein, doch ihre nächsten Worte
gingen in heftigem Schluchzen unter.

»Wennst nicht sofort zum Tränzen aufhörst, schmeiß i
di in den Wildbach«, schrie der Wirt.

Sie versuchte, seine Hände abzuschütteln. Sepp, obwohl
ein paar Zentimeter kleiner als sie, war stärker.

Plötzlich packte sie eine ungeheure Wut. All die Demü-
tigungen und Kränkungen der letzten Jahre tauchten vor ih-

rem inneren Auge auf. Sie bekam ihre Hände frei und versetzte ihm mit voller Wucht einen Stoß.

Er glitt auf den nassen Steinen aus, geriet ins Taumeln. Ein Faustschlag mit ihrer Rechten unter sein Kinn brachte ihn endgültig zu Fall.

Sepp schlug mit dem Hinterkopf auf einem vereisten Felsbrocken auf. Blut breitete sich auf dem mit Eis und Schnee bedeckten Stein aus.

Sie ließ ihn einfach liegen, lief zurück in den Wald.

❄

Das streitende Paar war die ganze Zeit über beobachtet worden. Der Mann, der sie belauscht hatte, hob sich kaum von der Dunkelheit ab, war sozusagen unsichtbar.

Er hatte alles mitangehört.

Noch nie hatte er die meist fröhliche und liebe Maria dermaßen aufgebracht erlebt wie bei der heutigen Christmette. In diesem Zustand würde sie zu allem fähig sein, hatte er gedacht. Einmal, ein einziges Mal, hatte er bisher ihr heißblütiges Temperament zu spüren bekommen, damals vor nunmehr über drei Monaten. Voller Wehmut, aber auch voller Glückseligkeit erinnerte er sich an dieses wilde, sündige Zusammensein.

Auch deshalb war er nicht eingeschritten, hatte schweigend zugesehen, wie sie den Wirt vom »Goldenen Ochsen« niedergeschlagen hatte.

Jetzt kam er hinter den Büschen hervor und betrachtete den leblosen Körper mit den weit aufgerissenen Augen zu seinen Füßen.

Sepps Beine begannen plötzlich zu zucken. Sein linker Arm hob sich, senkte sich aber gleich wieder. Auch sein Brustkorb hob und senkte sich. Er war also noch am Leben.

Der fast unsichtbare Mann beugte sich über seinen stöhnenden Nebenbuhler, sah in sein blutverschmiertes Gesicht und machte ein Kreuzzeichen auf die Stirn des Schwerverletzten. Dabei murmelte er ein paar Worte in einer fremden Sprache. Mit ein paar Tritten beförderte er dann den »Goldenen Ochsen«, denn so nannte er den fetten Wirt insgeheim, ins eiskalte Wasser.

Als Sepp den tosenden Wildbach hinuntertrieb, sah der schwarzgekleidete Mann ihm lange nach. Sorgfältig entfernte er das Blut von seiner Soutane und wusch sich auch gründlich die Hände – so wie einst Pilatus.

Plötzlich packte ihn jedoch nackte Angst und schiere Verzweiflung. Er sank auf die Knie und betete zu seinem Gott, flehte ihn an: »Lieber Herrgott, bitte lass Maria kein schwarzes Kind auf die Welt bringen!«

Leise rieselt der Schnee

Weihnachten anno 1999

In der Küche sitzt eine alte Frau. Sie ist eingenickt. Eine Zeitung liegt in ihrem Schoß. Aus dem Radio tönen vertraute Melodien.

Bing Crosby reißt sie aus ihrem Schlummer. »I am dreaming of a white Christmas...«.

Sie summt mit, träumt von dicken Schneeflocken und verschneiten Bäumen.

Ihr Blick fällt durch das schmutzige Küchenfenster hinaus auf die verwahrloste Terrasse.

Am Geländer lehnt ein kaputtes Fahrrad. Unter dem rostigen Campingtisch türmen sich die leeren Flaschen. In den zerbrochenen Tonkrügen vertrocknen Blumen, die schon lange nicht mehr blühten.

Feuchter Nebel umfängt das alte Gemäuer, das bald in neuem Glanz erstrahlen soll.

»...with every Christmas card I write«, trällert Bing Crosby.

Sie schreibt schon seit Jahren keine Weihnachtskarten mehr. An wen sollte sie auch schreiben? Alle ihre alten Freunde liegen unter der Erde und Familie hat sie keine. Die paar jungen Leute, die sie kennt, haben Computer und verschicken digitale Weihnachtsgrüße.

»May your days be merry and bright.«

Am liebsten würde sie dem Radio den Saft abdrehen. Aber dazu müsste sie aufstehen, ihren bequemen Sessel verlassen. Das würde ihren wehen Knochen nicht behagen. Lieber bleibt sie sitzen und erträgt dieses Gesäusel.

Heißt *bright* nicht hell auf Deutsch? Was für eine Ironie! Im Dezember wird es früh dunkel, und das hohe Baugerüst draußen vor ihrer Terrasse nimmt ihr das ohnehin spärliche Licht weg. Sie müsste nur die richtigen Schrauben an den richtigen Stellen lockern, dann wäre sie dieses hässliche Bretterwerk los und hätte wieder mehr Licht. Sie hat noch genügend Kraft in Armen und Händen, nur ihre Beine wollen in letzter Zeit nicht mehr so richtig mitspielen.

Die Alte hat sich längst an die Einsamkeit gewöhnt. Außer ihr wohnt kein Mensch mehr in den ehemaligen kaiserlich-königlichen Hofreitstallungen. Ihre Nachbarn haben sich von Politikern und Kulturmanagern vertreiben lassen. Sie hat sich als einzige zur Wehr gesetzt. Die Prozesse laufen seit Jahren. Ihre jungen Freunde, Söhne und Töchter der Freunde von früher, sorgen dafür, dass sie keinen verliert.

Dieser Palast für die Pferde des Kaiserhauses, eine der bedeutendsten Barockanlagen Wiens, erbaut von keinem Geringeren als Joseph Emanuel Fischer von Erlach, dem Sohn des Architekten von Schloss Schönbrunn, hat schon so manche Erschütterung überstanden. Damals, als die Tiefgarage gebaut wurde, und später dann die U-Bahn. Oder war es umgekehrt? Die Sprünge in den dicken Mauern sind jedenfalls nicht zu übersehen. Doch nie war es so schlimm gewesen wie heute, nicht einmal im Zweiten Weltkrieg, als eine Bombe den Haupttrakt getroffen hatte. Sie hat schon damals hier gewohnt, war noch eine junge Frau, gerade einmal dreiundzwanzig Jahre alt. Die Detonation, die Hilfeschreie der Verschütteten, der Lärm, Schutt und Dreck, all die Angst und den Schrecken hat sie bis heute nicht vergessen. Ihre Eltern waren bei diesem Bombardement ums Leben gekommen.

Sie leide unter einem Kriegstrauma, sei eine typische Trümmerfrau, hat der Sohn einer Freundin einst gesagt, als sie ihm von diesem schrecklichen Tag im Jahre 1944 erzählte. Er musste es wissen, schließlich war er Psychiater.

Der Lärm der Bauarbeiten kränkt sie auch heute. Sie leidet unter Schlafstörungen, obwohl die Baumaschinen nachts ruhen. Bald wird es noch schlimmer werden. Tausende Schaulustige werden Tag und Nacht das moderne Museumsquartier bevölkern und sie mit ihrem lauten Gequatsche und hysterischem Gelächter verrückt machen.

Einen Platz in einem Altersheim hat man ihr angeboten, ihr, die sich nicht alt fühlt.

Ihr weißes Haar trägt sie lang und offen, so wie in ihrer Jugend. Doch der Zopf, den sie flechtet, bevor die Nacht kommt, ist dünn geworden. Aber was sind schon achtundsiebzig Jahre? Kaiser Franz Joseph wurde viel älter.

Kulturpolitiker, Architekten und Bauunternehmer werden heutzutage allerdings nicht sehr alt. Einem der zuständigen Politiker wurde die Aufregung zu viel, er erlag einem Herzinfarkt. Sein Tod brachte sie auf eine Idee.

Einer der Architekten, ein kleines, zappeliges Männchen, beging kurz danach Selbstmord. Man fand ihn am Nationalfeiertag, am Fahnenmast vor dem Hauptgebäude baumelnd. Angeblich litt er unter Depressionen. Der Verdacht, dass er schon vorher mit einem harten Gegenstand, einem Pflasterstein, vermutete die Polizei, erschlagen worden war und jemand ihn erst danach an der Fahnenstange hochgezogen hatte, lag wegen seines blutigen Hinterkopfs nahe, wurde aber bald wieder ad acta gelegt.

Der Bauunternehmer beging den Fehler, sich nachts auf die Baustelle zu wagen. Die Wege dort sind unsicher und die Gruben sehr tief. Nicht jeder kennt sich im großen Hof so gut aus wie sie, die, trotz ihrer Kurzsichtigkeit, nie ein hilfreiches Brett verfehlt.

Heute, am Heiligen Abend, herrscht wohltuende Ruhe in den Höfen der ehemaligen k. k. Reitstallungen. Keine tobenden Bagger, keine quietschenden Maschinen, keine lauten Stimmen. Anstatt die ungewöhnliche Stille zu genießen, ist sie nervös.

Sie schlägt noch einmal die Tageszeitung auf. Um vierzehn Uhr wird der vor kurzem ernannte Direktor eines der geplanten Kunstmuseen das Fortschreiten der Außenarbeiten begutachten sowie den von einem berühmten österreichischen Künstler gestalteten Christbaum auf den Grundfesten des modernen Museumsbaus eigenhändig beleuchten.

Wahrscheinlich wird er nur auf einen Schalter drücken müssen, denkt sie. Die Presse, sogar das Fernsehen, wird dem feierlichen Akt beiwohnen. Auch das restliche Architektenteam und der Christbaum-Künstler höchstpersönlich haben sich zu diesem Event am Heiligen Abend angesagt.

Sie schlüpft in ihren Wintermantel und öffnet die Terrassentür. Sorgsam darauf bedacht, nicht über die vielen hübschen alten Pflastersteine zu stolpern, die sie vor der endgültigen Vernichtung gerettet hat, nähert sie sich dem Geländer.

Der Herr Direktor fährt in einem schicken Wagen vor. Für schöne Autos hat sie viel übrig.

Elegant und weniger elegant gekleidete Herren – wahrscheinlich die Architekten und der Künstler – scharen sich um den prominenten Besucher. Sie kommen durch den schmalen Gang, vorbei an ihrer Terrasse.

Der zukünftige Museumsdirektor sah auf dem Zeitungsfoto sehr fesch aus. Sie will sich diesen Herrn näher ansehen, beugt sich über das Geländer.

Leider versperren ihr die vielen Bretter und Eisenstangen die Sicht. Fluchend lockert sie die Schrauben an den richtigen Stellen.

Mit mörderischem Getöse stürzt das Baugerüst ein. Der Herr Direktor und seine Begleiter werden unter den Trümmern begraben. Nichts als Staub, Schutt, Dreck und fürchterliches Geschrei.

Rasch kehrt sie in ihre Wohnung zurück.

Als die Rettungsfahrzeuge eintreffen, beginnt es zu schneien. Dicke Schneeflocken tanzen vor ihrem Fenster auf und ab. Sie sitzt längst wieder in ihrem bequemen Sessel. Ein kleines Lächeln erscheint auf ihren Lippen, als auf Radio Wien erneut »White Christmas« erklingt. Dieses Mal gesungen von Frank Sinatra. Seine Interpretation dieses Weihnachtsliedes gefällt ihr besser als das Original. Sie ist eben ein Fan von »Ol' Blue Eyes«. Ihn hätte sie sicher nicht von der Bettkante gestoßen. Leider ist sie ihm nie begegnet.

»I'm dreaming of a white Christmas

Just like the ones I used to know ...«, summt sie versonnen lächelnd mit.

Mittlerweile hat es heftig zu schneien begonnen. Sie bildet sich ein, glitzernde Baumkronen zu sehen und das Läuten von Schlittenglocken zu hören.

Auf Radio Wien unterbrechen sie Frank Sinatra und bringen die Meldung von dem grauenhaften Unglück im Wiener Messepalast.

Beim Einsturz eines Gerüstes auf der Baustelle des geplanten Museumsquartiers gab es einen Toten und zwei Schwerverletzte. Die Bauarbeiten werden vorübergehend eingestellt. Strengere Sicherheitsmaßnahmen müssen getroffen werden. Der alte Palast forderte bereits zu viele Opfer unter den honorigen Persönlichkeiten aus Wirtschaft, Kultur und Politik.

Sie wird die Fertigstellung des Museumsquartiers wohl nicht mehr erleben. Zufrieden flechtet sie ihr langes, weißes Haar zu einem Zopf und lauscht nach dieser kurzen Unterbrechung wieder der einzigartigen Stimme von Frankie Boy: »And may all your Christmases be white.«

Nachtschwärmer

Weihnachtsmänner sterben schneller

Der Himmel über der Stadt ist schwarz. Der Mond versteckt sich hinter den Wolken. Regen und eisiger Wind fegen die Straßen leer.

Eine Frau drückt sich an den Hausmauern entlang. Die große, schwere Handtasche fest an die Brust gepresst, sucht sie Schutz unter Dächern und Mauervorsprüngen. Durch die dünnen Ledersohlen ihrer hochhackigen Schuhe dringt die Kälte des Pflasters.

Geschäfte, Restaurants, selbst Kinos haben geschlossen. Nur Wickis Bar ist offen. Grelles Neonlicht strömt aus dem Lokal und verwandelt den Gehsteig in eine silbern spiegelnde Fläche.

Rasch schließt sie die Tür hinter sich und steuert auf die Theke zu. Das Klappern ihrer hohen Absätze stört die Stille in dem fast leeren Lokal.

Sogar Wickis Stammgäste sitzen am Heiligen Abend brav zu Hause vor ihren Fernsehapparaten, brummen »Stille Nacht, heilige Nacht« und stopfen Truthahn oder Karpfen in sich hinein. Die einen betrinken sich mit Bier, die anderen mit Champagner. Sie mag weder Bier noch Champagner.

Der Barkeeper begrüßt sie mit einem freundlichen Lächeln. Seine gelben, vorstehenden Zähne verleihen seinem Grinsen eine besondere Note. Er erinnert sie an ein kleines,

fettes Häschen. Heute ziert noch dazu ein dürftiger Wattebart sein Kinn. Seine Glatze versteckt sich unter einer roten
Zipfelmütze. Nicht einmal in Wickis Bar bleibt sie vor Weihnachten verschont.

Wie allen einsamen Menschen graut ihr vor den Feiertagen.

»Einfach ignorieren«, empfahl ihr letzter Therapeut.
Aber wenn die ganze Stadt in weihnachtliche Hysterie ver-
fällt, ist das leichter gesagt als getan.

Dieses Jahr verzichtete sie auf professionellen Beistand,
versuchte es mit Selbsthilfe, und bis jetzt blieb ihr die übliche vorweihnachtliche Depression erspart. Doch Wickis
lächerliche Verkleidung ruft in ihr wieder dieses wohlbe-
kannte Gefühl der Leere und Verlassenheit hervor.

Am liebsten würde sie gleich umkehren. Da jedoch weit
und breit keine andere Bar geöffnet hat, muss sie wohl, wenn
sie nicht auf ihren Whisky verzichten will, hier ausharren.
Und Whisky ist nun einmal ein wichtiger Bestandteil ihres
Therapieplans.

Sie setzt sich auf einen mit rotem Kunstleder überzogenen Barhocker, legt ihre Handtasche auf den Hocker neben
sich, fährt mit den Fingern durch ihr zerzaustes Haar und
nimmt sich vor, den Wattebart und die rote Mütze des kleinen Barkeepers einfach zu übersehen.

Wickis stattlicher Bauch befindet sich in Höhe der Theke. Aber sie lässt sich nicht täuschen. Sie weiß, dass er auf
einem Podest steht und dadurch um mindestens dreißig
Zentimeter größer wirkt – was seine Chancen bei den weiblichen Gästen wesentlich erhöht, allerdings nur so lange, als
er hinter der Theke steht und sie bedient.

Er leidet schwer unter seiner nicht vorhandenen Größe. Kaum aus den Kinderschuhen, hörte er auf zu wachsen. Jeder Bissen schlug sich fortan auf seine Leibesmitte, hat er ihr einmal erzählt.

»Scheußliches Wetter«, sagt Wicki, noch immer von einem Ohr zum anderen grinsend.

Affektiert zieht sie ihre schmalen Brauen hoch. »Das schönste Fest des Jahres verdient nichts Besseres.« Ihre Stimme klingt, als hätte sie schon ein paar Whiskys gekippt.

In Wickis Bar ist es nicht viel wärmer als draußen. Der schmale, schwarze Kohleofen sorgt höchstens dafür, dass der Whisky nicht gefriert.

Der Barkeeper spendiert ihr auf Kosten des Hauses einen Doppelten zum Aufwärmen. Er verhält sich immer besonders nett und zuvorkommend zu alleinstehenden Damen. Dass sie eine Dame ist, steht für ihn außer Frage, obwohl sie sich den Luxus, der einer Dame gebührt, längst nicht mehr leisten kann. Vor einem Monat ist sie zum ersten Mal bei ihm aufgetaucht. Seither kommt sie fast jeden Abend. Wahrscheinlich ist sie erst vor kurzem in diese Gegend gezogen.

Er weiß so gut wie nichts über sie. Eine Professionelle ist sie auf keinen Fall – die kann er schon von weitem riechen. Ihr Parfum ist teuer und nicht zu aufdringlich. Auch ihr Benehmen ist immer tadellos. Selbst wenn sie zu viel getrunken hat, weiß sie Haltung zu bewahren. Unnahbar und gelangweilt hängt sie dann an der Theke und hält Männer, die ihr missfallen, mit blasierten Blicken auf Distanz. Noch nie hat sie das Lokal in männlicher Begleitung verlassen.

Neben ihr steht ein Mann. Er ist groß, hager und nicht mehr jung. Den Kopf auf die Arme gestützt, starrt er in ein halbleeres Bierglas. Er hat nicht einmal aufgeschaut, als sie das Lokal betrat. Sie mustert ihn abschätzend.

Wicki schenkt ihr unaufgefordert nach.

Ihre graugrünen Augen sind leblos und leer. Die Krähenfüße hat sie notdürftig überschminkt, aber das erbarmungslose Licht gibt jede Falte preis.

Sie bemüht sich, nicht ununterbrochen in den Spiegel hinter den Regalen zu starren, doch der Spiegel zieht ihre Blicke magisch an.

Die Theke aus warmem, braunem Nussholz ist das einzig Gemütliche in diesem sterilen Lokal. Links und rechts der Eingangstür stehen einige Tische, an denen nie jemand sitzt. Eine Musikbox und ein Spielautomat ergänzen das karge Interieur. Durch eine Fensterfront, die die ganze Breite des Lokals einnimmt, sind die Gäste den neugierigen Blicken von der Straße ausgeliefert. Aber an diesem Abend ist niemand unterwegs. Die Stadt wirkt wie ausgestorben. Nur der Regen trommelt an die Glasscheibe.

Sie dreht sich um, hofft, es würde sich vielleicht doch noch ein später Passant in Wickis Bar verirren.

Der Barkeeper scheint Gedanken lesen zu können. »Bei diesem Wetter wagt sich nicht einmal ein Hund auf die Straße«, kommentiert er ihren sehnsüchtigen Blick.

Draußen tobt jetzt ein orkanartiger Sturm. Der Wind reißt Zeitungsständer und Verkehrszeichen um und wühlt den Dreck im Rinnstein auf.

Den Heiligen Abend allein zuhause zu verbringen, das hält sie nicht aus. Bei Wicki glaubt sie der Einsamkeit entkommen zu können. Selbst wenn sie ihm nur mit einem Ohr zuhört, erscheint ihr die Langeweile erträglicher. Früher hätte sie sich allerdings nie träumen lassen, dass sie eines Tages froh sein würde, Weihnachten in Gesellschaft eines kleinen, redseligen Mannes namens Wicki zu verbringen.

Sie schenkt dem Mann, der neben ihr an der Theke lehnt, einen zweiten Blick. Er würde an Jahren sehr gut zu ihr passen. Sie ist noch nicht in dem Alter, in dem Frauen jüngere Männer zu schätzen wissen. Unter seinem braunen Hut schauen ein paar graue Haare hervor, aber sein Schnurrbart ist schwarz und dicht. Wie lächerlich wirkt dagegen Wickis blondes Bärtchen. Der spärliche Haarwuchs über seiner Oberlippe macht sein Milchgesicht auch nicht männlicher. Und mit dem verrutschten Wattebart auf seinem Kinn sieht er erst recht wie ein alberner Gartenzwerg aus.

Als es ihr endlich gelingt, dem Blick des Fremden im Spiegel zu begegnen, fühlt sie sich angenehm erregt. Blaugraue Augen, eine große, leicht gekrümmte Nase – eine sehr männliche Nase …

Wicki schaltet das Kofferradio ein. Weihnachtslieder.

Sie beginnt den Whisky bereits zu spüren. Als der Fremde gerade wieder einmal aufschaut, versucht sie es mit einem Lächeln.

Er blickt sich um, als könne er nicht glauben, dass dieses Lächeln ihm gilt. Seine Schüchternheit irritiert sie, doch sie hört nicht auf zu lächeln. All die Müdigkeit einer blonden, alternden Frau liegt in diesem Lächeln.

Sie fragt sich, was so ein solider und seriös aussehender Mann am Heiligen Abend in dieser miesen kleinen Bar zu suchen hat. Ein alleinstehender Mann, der seinen Weltschmerz in Bier ertränkt?

Während sie ihn von Herzen bedauert, vergisst sie völlig darauf, dass eigentlich auch sie nicht hierher gehört. Noch gelingt es ihr, Gesicht und Körper in Form zu halten. Vielleicht kleidet sie sich eine Spur zu jugendlich und hat zu viel Farbe im Gesicht, aber in ihrem blonden Haar ist dank ihres Friseurs keine graue Strähne zu sehen. Sie hat es auch geschickt frisiert, am Hinterkopf toupiert, um Fülle vorzutäuschen.

»Einen Weihnachtspunsch, Madame?«, fragt Wicki.

Angeekelt schüttelt sie den Kopf und bestellt noch einen doppelten Whisky.

»Fröhliche Weihnachten!« Wicki prostet ihr mit einem Fernet zu, dann deutet er auf die Zeitung, die aufgeschlagen auf der Theke liegt. »Haben Sie es schon gelesen? Der Killer hat letzte Woche wieder zugeschlagen, zum dritten Mal, glaube ich. Die Leiche wurde erst gestern im Kanal gefunden ...«

»Wollen Sie mir Angst machen?«

»Aber nein, er hat es doch nur auf Weihnachtsmänner abgesehen. Zumindest dekoriert er seine Opfer immer mit einer roten Mütze und einem langen weißen Bart. Sie haben nichts zu befürchten. Trotzdem würde ich an Ihrer Stelle abends nicht mehr allein nach Hause gehen.«

»Ja, ja, ich weiß«, murmelt sie gereizt.

»Keine Angst, ich passe schon auf Sie auf.«

Er zwinkert ihr verschwörerisch zu. Sein Scherz verpufft, entlockt ihr kein Lächeln.

»Ich kann ganz gut selbst auf mich aufpassen«, sagt sie und klopft auf ihre prall gefüllte Handtasche.

Mühsam darauf bedacht, Wickis Blicken auszuweichen, beobachtet sie den Fremden im Spiegel. Sie hat nur mehr Augen für ihn.

Resigniert dreht Wicki das Radio lauter und beginnt die Gläser abzuwaschen.

»White Christmas« – was für eine Farce! Laut Wettervorhersage werden die Feiertage zwar stürmisch und kalt, aber schneefrei sein.

Unermüdlich trällert der kleine Barkeeper den Refrain.

Der gute alte Wicki geht ihr heute Abend besonders auf die Nerven. Verärgert kehrt sie ihm den Rücken zu und starrt den Mann mit den graublauen Augen völlig ungeniert an.

Sie hat nicht gelernt, auf einen Mann, der ihr gefällt, einfach zuzugehen. Auch fehlt es ihr an Mut, ihn anzusprechen. Er könnte sie für eine Nutte halten, und das wäre ihr in höchstem Maße unangenehm. So weit ist es mit ihr noch nicht gekommen. Sie macht es nicht für Geld, sondern nur aus Lust und um nicht so allein zu sein. Außerdem hat sie schon sehr lange keinen Mann gehabt. Gutaussehende Männer im passenden Alter sind eine Rarität. Sie kann sich nicht damit abfinden, dass nur mehr alte Knacker oder unappetitliche Komplexler auf sie abfahren.

Der Fremde geht auf die Toilette. Er bewegt sich wie ein junger Mann.

Wicki beugt sich über die Theke und flüstert: »Ein komischer Typ, er hat den ganzen Abend lang geschwiegen.«

»Na und? Geschwätzige Männer sind sowieso das Letzte.«

»Trotzdem, seien Sie vorsichtig, Sie wissen ja …«

Sie stöhnt genervt.

»Ich meine es nur gut mit Ihnen. Keiner weiß, wie dieser Mörder aussieht, es gibt ja keine Zeugen. Haben Sie gelesen, wie er die armen Kerle zugerichtet hat? Angeblich hat er sie nicht nur gefesselt und stundenlang gefoltert, sondern richtiggehend massakriert, sogar die Schwänze soll er ihnen abgeschnitten haben ...«

»Reine Hirngespinste«, unterbricht sie ihn. »Im Fernsehen haben sie Bilder von den Opfern gezeigt. Zwar haben alle drei sehr tot ausgesehen, aber es schien noch alles an ihnen dran zu sein.«

»Die Polizei hält sich bedeckt, erzählt den Presseleuten keine schmutzigen Details. So einiges sickert jedoch immer durch.«

»Alles Märchen, Wicki. Soviel ich weiß, hatten sie nur ein paar Kugeln in ihren Bäuchen.«

»Auch keine angenehme Vorstellung.« Grinsend streichelt er sein dickes Bäuchlein. »Spaß beiseite. Jedenfalls hat er immer erst nach Mitternacht getötet und nur einen pro Woche. Und alle waren gutaussehende Männer, zumindest so lange, als sie noch am Leben waren. Diese Woche hat übrigens noch keiner dran glauben müssen.«

»Die letzte Adventwoche geht ja heute erst zu Ende«, wirft sie scherzhaft ein.

Doch jetzt bleibt Wicki ernst. »In den Zeitungen ist gestanden, dass die Stadt heuer von Weihnachtsmännern geradezu überschwemmt wird. In der Branche tobt ein beinharter Konkurrenzkampf. Die Verleihfirmen versuchen einander mit Billigstangeboten auszutricksen. Aber ich glaube nicht, dass es sich tatsächlich um einen Branchenkrieg handelt. Bestimmt ist der Mörder irgendein Verrückter, der einen Hass auf Weihnachtsmänner hat. Wenn Sie mich fragen ...«

»Aber ich frage Sie nicht«, versucht sie ihn endlich zum Schweigen zu bringen.

Der Barkeeper blickt sie missbilligend an, fährt aber in väterlichem Ton fort: »Wer weiß, ob er sich wirklich mit Weihnachtsmännern begnügt. Wenn ich Sie wäre, würde ich mich jedenfalls in nächster Zeit nicht mit Fremden einlassen.«

»Mit wem ich mich einlasse, ist wohl meine Sache. Ich finde nicht, dass Sie das etwas angeht«, faucht sie böse und begrüßt den fremden Mann, der gerade von der Toilette zurückkommt, mit einem erwartungsvollen Blick.

Er erwidert ihn beinahe vorwurfsvoll.

Sie zieht ihren Pelzmantel aus, legt ihn auf ihre Handtasche und schlägt ihre langen, schlanken Beine übereinander. Ihr schwarzes Kleid entspricht ebenso wenig der neuesten Mode wie ihr Mantel. Außerdem ist es zu elegant für diese Bar. Raffiniert dekolletiert und aus weichem, fließendem Material schmiegt es sich eng an ihren wohlgeformten Körper. Sie beugt sich vor und bietet dem großen, hageren Gast den schönsten Ausblick, den er sich nur wünschen kann. Allein Wicki profitiert davon. Lüstern leckt er sich die Lippen. Wenigstens er weiß ihre Reize zu schätzen.

Sie lässt ihre Wut an der unschuldigen und zum Glück leeren Zigarettenschachtel aus, bittet den Barkeeper um ein neues Päckchen und besteht darauf, die Zigaretten sofort zu bezahlen. Das Wechselgeld lässt sie sich rausgeben. Dann rutscht sie vom Hocker und geht zur Musikbox. Im Vorbeigehen streift sie den Fremden mit der Hüfte. Hätte er nicht seinen Mantelkragen aufgestellt, würde er ihren Atem im Nacken gespürt haben.

»Are you lonely tonight« übertönt die langweiligen Weihnachtslieder. Deutlicher kann sie es fast nicht sagen.

Wenn er diese Sprache auch nicht versteht ...? Ihre Bewegungen sind einladend, aber sie wartet vergeblich.

Wicki dreht das Radio ab und summt: »Do you miss me tonight«.

Sie straft ihn mit einem bösen Blick.

Als sie sich wieder hinsetzt, rückt sie ihren Hocker näher an den Mann im grauen Trenchcoat heran. Doch er bleibt unempfänglich für ihre kläglichen Versuche, seine Aufmerksamkeit zu erregen.

Sie nimmt eine Zigarette aus der neuen Packung und will ihn um Feuer bitten, zögert aber eine Sekunde zu lang. Wicki ist schnell mit dem Feuer zur Hand. Obwohl er selbst nicht raucht, trägt er ständig ein Feuerzeug bei sich.

Nach ein paar Zügen dämpft sie die Zigarette wieder aus.

Der Mann mit den grauen Schläfen raucht eine starke, filterlose Marke, in ihren Augen ein weiteres Indiz für seine Männlichkeit.

Quietschende Autoreifen, blendendes Scheinwerferlicht.

»Eines Tages wird einer die Kurve nicht kriegen und mitten in meinem Laden landen«, scherzt Wicki.

Der gutaussehende Gast lächelt pflichtschuldig.

»Die Kreuzung ist total unübersichtlich«, steigt sie dankbar auf das unverfängliche Thema ein. Doch es bleibt ihr überlassen, sich mit dem Barkeeper über potenzielle schwere Unfälle zu unterhalten.

Die Zeiger der Uhr rücken auf eins vor. Wicki schließt üblicherweise um zwei. Wenn sie Pech hat, macht er heute Nacht den Laden schon früher dicht. Das Geschäft lohnt sich nicht.

»Noch einen Whisky.« Sie nimmt sich vor, ihn langsam zu trinken. Aber vielleicht sollte sie besser mit dem Trinken aufhören, der Barkeeper nimmt bereits das doppelte Format an, und die Flaschen im Regal schwanken bedenklich.

Der schweigsame Fremde bestellt noch ein Bier.

Sie stürzt ihren Whisky in einem Zug hinunter. »Und jetzt brauche ich dringend einen Kaffee, Wicki.«

Ihr Verlangen ist inzwischen so stark, dass sie Angst bekommt, ihre gute Erziehung zu vergessen. Sie greift nach der nächsten Zigarette.

Als sie sich weit zu dem Fremden hinüberbeugt und ihn um Feuer bittet, rutscht sie fast vom Hocker. Verzweifelt klammert sie sich an seinen Arm.

Er gibt ihr Feuer, schaut ihr sogar in die Augen. Doch sein Blick bleibt teilnahmslos. Dann schüttelt er ihren Arm ab, steckt sich ebenfalls eine Zigarette an und starrt wieder in sein Glas.

Am liebsten würde sie ihm ins Gesicht schreien, dass sie diese heilige Nacht mit ihm beenden will.

Der Barkeeper quittiert die begehrlichen Blicke, die sie an den Mann mit den graublauen Augen verschwendet, mit einem Seufzer. Als er ihr den Kaffee reicht, tätschelt er tröstend ihre Hand.

»Nehmen Sie sich in Acht!«

»Halten Sie endlich den Mund! Mit dieser komischen Maskerade sind Sie viel gefährdeter als ich.«

Entschlossen, ihn nicht weiter zu beachten, öffnet sie ihre Handtasche. Wicki versucht einen Blick auf den Inhalt zu erhaschen. Das Innenleben von Damenhandtaschen erregt immer wieder seine Neugier.

Er erhascht einen Blick auf roten Samt. Wahrscheinlich ein Schal? Darunter blitzt ein Stückchen glänzendes Metall hervor. Ein Zigarettenetui vielleicht?

Sie gewährt ihm keine weiteren intimen Einblicke, nimmt rasch einen karmesinroten Lippenstift heraus, zieht ihre Lippen nach und malt auch zwei runde Kreise auf ihre Wangen.

»Eine Serviette, Wicki!«

Geschickt verwischt sie den Lippenstift auf ihren Wangen und entfernt auch das überschüssige Rot aus ihren Mundwinkeln. Dann zieht sie die Lippen erneut nach, presst sie aufeinander und betrachtet ihr Werk zufrieden im Spiegel hinter der Theke. In den blank geputzten Chromleisten der Regale spiegelt sich ihr Gesicht gespenstisch verzerrt wider.

Wicki, der ihr beim Schminken bewundernd zugesehen hat, sieht erneut seine Chance gekommen. »Sie müssen etwas essen. Ich habe noch ein paar Hamburger in der Tiefkühltruhe. Nicht gerade ein Festtagsmenü, aber den Magen füllen sie auch.«

Sie schüttelt den Kopf. Ihr ist ohnehin schon schlecht. Allein beim Gedanken an die vor Fett triefenden Hamburger befürchtet sie, sich übergeben zu müssen.

So schnell ist Wicki nicht gewillt, sein Lieblingsthema wieder fallenzulassen. »Ich werde uns ein richtig hübsches Weihnachtsmenü auf den Tisch zaubern: Hamburger mit Pommes frites und viel Ketchup! Ein bisschen Cocktailsauce müsste auch noch da sein ...« In seinem Eifer bemerkt er nicht, dass sie ihm längst nicht mehr zuhört.

Sie sehnt sich nach dem fremden muskulösen Körper, der sich vage unter dem zerknitterten Trenchcoat abzeichnet, ist überzeugt, dass der Mann neben ihr einen jugendlichen Körper besitzt, durchtrainiert, drahtig und unverbraucht. Nur eine Nacht mit ihm ...

Der Rocksaum ihres Kleides rutscht noch höher, legt ihre Schenkel fast bis zur Scham bloß. Zärtlich streichelt sie ihre schönen Beine. Ihre Handflächen werden feucht. Plötzlich findet sie die Bar überheizt. Der Blick schmachtend und seltsam entrückt, die Lippen leicht geöffnet, bietet sie ein Bild reiner Begierde.

Wicki glaubt zu träumen, fasziniert starrt er auf das gerötete Fleisch, das zwischen den Bändern ihres Strumpfgürtels hervorquillt.

Es ist ihm nicht vergönnt, sich länger an diesem hinreißenden Anblick zu erfreuen. Ein eisiger Luftzug. Drei Augenpaare blicken zur Tür.

Ein dicker Weihnachtsmann torkelt, »scheiß Weihnachten« grölend, ins Lokal. Unsicher steuert er auf die Theke zu, stolpert über seinen langen, roten Mantel und landet, mit dem Gesicht voran, im Schoß der blonden Frau.

»Hallo, Süße.« Er umarmt sie wie eine alte Bekannte, haucht ihr seinen stinkenden Atem ins Gesicht.

Angeekelt stößt sie ihn weg.

»So schön bist du auch wieder nicht«, sagt er lachend, legt erneut seinen Arm um ihre Hüften und drückt sie fest an seine breite Brust.

Vergeblich versucht sie sich aus seiner Umklammerung zu befreien.

»Wenn Sie die Dame nicht sofort in Ruhe lassen, rufe ich die Polizei«, stammelt Wicki.

Seine Stimme zittert und sein Gesicht ist vor Anstrengung rot angelaufen.

»Einen Schmatz und einen Schnaps zum Feierabend«, lallt der besoffene Weihnachtsmann. Seine feuchten Lippen streifen ihren Mund.

Sie revanchiert sich mit einer Ohrfeige.

»Alte Schachtel ...«

Die Hälfte ihres Kaffees rinnt über seine Wangen und tropft auf seinen langen, weißen Bart.

Fluchend wischt er die braune Brühe von seinem Gesicht und erhebt drohend die Hand.

Sie greift nach ihrer Handtasche.

Wicki weiß jedoch, was er seinen weiblichen Gästen schuldig ist. Bevor sie noch den Reißverschluss ihrer Tasche geöffnet hat, kommt er, mit einer ungeöffneten Whiskyflasche in der Hand, hinter der Theke hervor.

»Verlassen Sie sofort mein Lokal!« Er schwingt die Flasche wie eine Keule, scheint fest entschlossen, sie auf dem Kopf des Betrunkenen zu zertrümmern.

Sie deutet auf die beiden dicken Männer und bricht in hysterisches Gelächter aus. »Hilfe, ich sehe doppelt.« Sie kann überhaupt nicht mehr aufhören zu lachen.

Der Weihnachtsmann starrt sie eine Weile völlig entgeistert an, dann wankt er zur Tür.

Der seltsame Gast im Trenchcoat hat die Szene aufmerksam beobachtet, sich jedoch nicht eingemischt. Sein Glas ist fast leer. Er zahlt und verlässt, kurz nach dem betrunkenen Weihnachtsmann, grußlos und ohne sich noch einmal umzudrehen, die Bar.

Sie hört auf zu lachen, schlüpft in ihren Mantel, wirft ein paar Scheinchen auf die Theke, klemmt sich die Handtasche unter den Arm und trifft Anstalten, ihm nachzulaufen.

Wicki hält sie zurück. Ein listiges Lächeln erscheint auf seinen Lippen. Und während er leise auf sie einredet, steckt er die Whiskyflasche in seine linke und eine Flasche Fernet in seine rechte Jackentasche.

»Lassen Sie uns bei mir noch ein Gläschen trinken. Sie müssen sich unbedingt meinen Gummibaum ansehen. Ich habe ihn aufgeputzt – jetzt kommt er sich wie ein echter Weihnachtsbaum vor.«

Er nimmt die rote Zipfelmütze ab, wirft einen Blick in den Spiegel hinter den Regalen und setzt die Mütze wieder auf. »Wird schon nichts passieren. Außerdem habe ich ja eine Beschützerin.« Er zwinkert ihr belustigt zu, schließt die Kasse ab und löscht das Licht.

Sie verlässt die Bar gemeinsam mit Wicki, der um einen Kopf kleiner ist als sie und viel zu dick. Besser ein kleiner, dicker Mann als gar keiner, denkt sie. Der besoffene Weihnachtsmann und vor allem der gutaussehende Nachtschwärmer wären ihr allerdings lieber gewesen.

Der Mann im grauen Trenchcoat, der hinter dem Zeitungskiosk auf sie gewartet hat, folgt Wicki und der schönen Blondine unauffällig, aber sorgsam darauf bedacht, das ungleiche Pärchen nicht aus den Augen zu verlieren.

Er hat die Schöne schon länger im Verdacht, die Weihnachtsmann-Killerin zu sein. Bisher war sie immer schneller gewesen als er, außerdem mangelte es ihm an Beweisen. »Aber du bist ein prächtiger Lockvogel, kleiner Mann«, murmelt der geheimnisvolle Fremde, der kein einsamer Spinner ist und auch kein Mörder, sondern ein Kriminalbeamter auf der richtigen Spur.

Ihr Kinderlein kommet

Die Fratze des Teufels

»Alle Jahre wieder kommt das Christuskind …«, ertönte es aus einer der Buden am Nürnberger Christkindlesmarkt.

Zoltán zuckte zusammen, griff nach der Hand seiner kleinen Schwester und rannte los.

»Neeein! Ich will das Christkind sehen«, brüllte Lucia.

»Sei still. Hier ist zu viel Polizei.« Er wusste, dass allein das Wort Polizei genügte, um die Kleine zum Schweigen zu bringen.

Es war ihr letzter Arbeitstag in Nürnberg. Boris und Mirko, die beiden slowakischen Anführer der Bande, hatten ihnen, als sie in der Früh frierend aus den fensterlosen Mercedes-Bussen gekrochen waren, gedroht: »Wenn ihr heute nicht das Doppelte herbeischafft, dann gnade euch Gott!«

Den Kindern war klar, dass damit nicht nur Schläge gemeint waren. Die Schlepper hatten sie schon einmal gezwungen, eine Nacht bei Minusgraden im Freien zu verbringen, weil sie nicht jeden Cent ihrer Beute abgeliefert hatten.

Lucias Nase rann und sie hustete unentwegt. Dieser Rotznase wird bestimmt keiner einen Euro in ihr schmutziges Händchen drücken, dachte Zoltán. Da konnte sie mit ihren riesigen schwarzen Augen noch so treuherzig und unschuldig dreinschauen und mit ihren langen Wimpern klimpern, soviel sie wollte. Sie fiel für heute aus. Das bedeutete, er würde für zwei anschaffen müssen. Für ihn war es jedoch viel schwieriger, die Herzen der Kaufwütigen zu erweichen. Auch wenn er genauso hübsch war und die gleichen großen, traurigen, dunklen Augen und die gleichen langen, dichten, schwarzen Wimpern hatte wie seine Schwester. Einem schlaksigen, hoch aufgeschossenen Dreizehnjährigen öffnete sich eben so schnell keine Geldbörse. Außerdem war er mitten im Stimmbruch. Wenn er mit kieksender Stimme sein Sprüchlein aufsagte, lachten ihn die meisten Leute nur aus.

Vielleicht sollte er es wie die Demutsbettler machen? Auf einen Zettel schreiben, dass er taubstumm sei und sich vor eine der großen Kirchen Nürnbergs hocken? Effektiver wäre es wahrscheinlich, einen seiner Unterschenkel am Hintern festzubinden. Krüppel kamen vor Weihnachten bestens an. Aber wozu sich jetzt schon Sorgen machen? Wenn sein Plan aufging, würde er demnächst sowieso nur mehr für die eigene Tasche arbeiten.

Als sie an einem Stand mit selbstgestrickten Mützen und Schals vorbeikamen, steckte Zoltán eine knallrote Kindermütze in seine Hosentasche.

»Gib sofort die Mütze her, du Lauselümmel«, schrie ihm die Marktfrau nach. Doch er war längst in der Menge untergetaucht. Lief hinüber zum Rathausplatz. Lucia stolperte hinter ihm her. Im Laufen schnappte er sich ein blütenweißes, mit hübscher Spitze besetztes Taschentuch, das in einer Bude der Nürnberger Partnerstädte feilgeboten wurde. Dann rannte er wieder zurück zum Christkindlesmarkt. Hinter einer Lebkuchenbude setzte er seiner Schwester die warme Mütze auf und reichte ihr das Taschentuch.

»Schnäuz dich, bevor du jemandem die Hand hinstreckst«, schärfte er ihr ein.

Zitternd griff sie nach dem hübschen Tüchlein. Die kleine zarte Lucia war acht oder neun. So genau wussten es beide nicht. Sie wurde oft für eine Sechsjährige gehalten.

Die Temperaturen waren an dem Tag vor dem Heiligen Abend auf fast null Grad gesunken. Obwohl gestreut, konnte man auf den Wegen zwischen den Buden am Christkindlesmarkt leicht ausrutschen. Als eine mittelalterliche Dame auf ihrem weich gepolsterten Po landete, kam Zoltán eine Idee. Er fragte sich, wie viel so ein pelziges Teil wohl am Schwarzmarkt bringen würde, und überlegte, die Garderobenständer in den umliegenden Wirtshäusern abzuräumen. Der Rathauskeller, das Bratwurstherzle und das Gasthaus Zum Spießgesellen boten sich förmlich an. Allerdings wusste er, dass ihn die meisten Kellner verjagen würden, kaum dass er einen Fuß in eines ihrer Lokale gesetzt hatte. Er beschloss, sich bessere Klamotten zuzulegen. Und Lucia musste ihm demnächst die Haare schneiden. Denn momentan sah man ihm den Rom schon von weitem an.

Zoltán dachte oft darüber nach, wie er zu mehr Geld kommen könnte, als ihm diese erbärmliche Bettelei einbrachte. Mittlerweile hatte er es als Taschendieb zu wahrer Meisterschaft gebracht und betätigte sich auch recht erfolgreich als Lehrmeister. Lucia stellte sich geschickt an. Obwohl sie sich, laut Zoltán, manchmal wie ein Baby aufführte, fielen vor allem alte Frauen oft auf ihre Masche rein. Lucia brauchte nur ein paar Tränen über ihre zarten, dunklen Wangen kullern zu lassen und schon öffnete so manch ältere Dame ihr Portemonnaie und suchte nach einer Münze. Lucia half ihnen dann gerne und begnügte sich meist nicht mit einer Münze, sondern nahm sich auch ein paar Scheinchen, ohne dass die Frauen es bemerkten.

Er hatte sich eher auf die Hosentaschen der Männer spezialisiert. Es gab nach wie vor genügend Idioten, die ihre Geldbörse in den Gesäßtaschen ihrer Jeans aufbewahrten. Das waren natürlich seine Lieblingskunden. Vor allem beim Männleinlaufen. Täglich um zwölf Uhr herrschte dichtes Gedränge in den Budenstraßen. Wenn alle Besucher des Christkindlesmarktes wie gebannt auf die Uhr starrten, waren Lucia und Zoltán ein unschlagbares Pärchen. Sie erleichterte die Handtaschen der Damen in Windeseile und Zoltán nicht minder rasch die Hosentaschen der Männer. Die angeblich sicheren Bauchtäschchen, die vor allem bei den Touristen beliebt waren, gehörten zu Lucias Spezialitäten. Da sie so klein war, bemerkten die Leute in dem Getümmel nicht, wenn sie sich mit ihren zarten Händchen an den prall gefüllten Beuteln zu schaffen machte.

Obwohl es erst vier Uhr nachmittags war, wurde es bereits dunkel. Die Leute versammelten sich, so wie an allen anderen Adventstagen, um die Glühweinbuden.

»Ich habe Hunger«, maulte Lucia.

»Schon wieder? Du hast doch gerade ein Hutzelbrot gegessen«, sagte er unwirsch. Er fragte sich oft, wo das ganze Zeug, das sie den lieben Tag lang in sich hineinstopfte, bloß hinwanderte, denn seine kleine Schwester war zaundürr.

»Ich mag aber ein Nürnberger Würstchen«, jammerte sie mit Tränen in den Augen.

Er blickte sich suchend um, entdeckte einen Stand, an dem es verführerisch nach Rostbratwürsteln roch, und zog sie dorthin. Ihr Händchen war eiskalt. Er musste unbedingt wollene Handschuhe für sie besorgen.

Der Grill strahlte Wärme ab. Die Kinder lehnten sich nahe an die Bude. Lucia bekam, nachdem sie den Mann hinter dem Rost eine ganze Weile lang flehend angestarrt hatte, ein leicht angebranntes Bratwürstel mit einem Brötchen geschenkt. Sie teilte beides mit ihrem Bruder.

Seine Laune besserte sich. Er fragte sich dennoch, ob es wirklich so schlau war, sie bei sich zu behalten. Zoltán war wild entschlossen, heute Abend nicht mit den anderen zurück in die Slowakei zu fahren. Er wollte in Nürnberg bleiben. Hier würde er auch nach Weihnachten genügend verdienen können. Und allein wäre es des Nachts auch sicher kein Problem für ihn, ein warmes Bett zu finden. Bei dem Gedanken an all diese alten lüsternen Trottel lächelte er bitter.

Er schärfte Lucia noch einmal ein, dass sie nie mit älteren Männern mitgehen dürfe. Allein die Vorstellung, dass sich so ein Kerl an ihr vergreifen könne, machte ihn krank. Nein, er konnte Lucia unmöglich allein mit Mirko und Boris zurück in die Slowakei fahren lassen. Außerdem gefiel es Lucia in Nürnberg: das Lichtermeer, all diese wunderschönen und gut riechenden Sachen. Zum Essen gab es in dieser Stadt mehr als genug. Er musste einen Weg finden, sie hierbehalten zu können. Aber er brauchte einfach mehr Zeit, um alles in Ruhe zu planen.

Um sie zu trösten, kaufte Zoltán ihr eine Karte für das Sternenhaus in der Stadtbibliothek.

»Du musst aber allein hingehen. Ich arbeite noch weiter«, sagte er lächelnd.

In der Stadtbibliothek war es schön warm. Lucia staunte über die vielen Bücher. Sie konnte gut lesen, obwohl sie nur zwei Jahre lang zur Schule gegangen war. Zoltán hatte ein paar Kinderbücher für sie geklaut und auf den langen Autofahrten von der Slowakei nach Deutschland stundenlang das Lesen mit ihr geübt.

❄

Letzten Sommer hatten ein paar Gadje, wie die Roma alle Nichtzigeuner nannten, das Dorf in der Ostslowakei, in dem die Kinder aufgewachsen waren, abgefackelt. Ihre Eltern waren bei dem Brand umgekommen. Die Mörder verschleppten Zoltán und Lucia und verkauften sie an Mirko und Boris.

Den letzten Herbst verbrachten sie in Hütten auf einer Müllhalde am Stadtrand von Bratislava. Mit viel Schlägen und Gebrülle wurden sie dort auf ihren Job als Bettler und Taschendiebe vorbereitet. In den Nächten war es schrecklich kalt. Manchmal verbrannten sie Müll, um nicht zu erfrieren. Alle Roma-Kinder kannten sich mit dem Feuer aus, wussten, wie man es unter Kontrolle hält. Selbst auf dem Parkplatz vor dem großen Nürnberger Fußballstadion, auf dem die Kleinbusse, mit denen sie nach Deutschland gebracht worden waren, in der Nacht parkten, machten sie oft Feuer. Sie legten immer ein Blech unter die trockenen Äste, damit das Feuerchen keine Spuren hinterließ. Da sie wegen der Batterien nicht die ganze Nacht lang den Motor laufen lassen durften, wärmten sich die Kinder alle paar Stunden an dem Feuer auf. Meist lagen sie zu zwölft eingepfercht in den Bussen, die für höchstens neun Personen zugelassen waren. Boris und Mirko übernachteten in einer Pension am Dutzendteich in der Nähe des Stadions. Schliefen in warmen Betten. Gadje eben und keine Roma.

Im Sternenhaus wurde eine Nürnberger Sage aufgeführt. Fasziniert von der Geschichte des Schusserbuben, der beim Murmelspiel betrogen hatte und deswegen vom Teufel geholt worden war, lauschte Lucia den Worten der jungen Schauspieler. Als Tochter einer österreichischen Romni und eines slowakischen Rom war sie, genauso wie ihr Bruder, zweisprachig aufgewachsen.

Ein Schauer kroch über ihren Rücken, als sich der Arm des Teufels um den Hals des Schusserbuben legte. Sie bekam es mit der Angst zu tun und schwor dem lieben Gott, nie mehr zu stehlen.

Zoltán erwartete sie nach der Vorstellung beim Ausgang. Gemeinsam machten sie noch eine Tour über den Markt. Die sich dicht aneinanderdrängenden Buden boten einen gewissen Schutz gegen den eisigen Wind, der durch Nürnbergs Altstadt fegte. Lucias Augen funkelten nach der Sternennacht mehr denn je. Sie bekam in kurzer Zeit, trotz rinnender Nase, nicht nur ein hübsches Sümmchen zusammen, sondern auch ein Früchtebrot und einen übrig gebliebenen Zwetschkenkrampus von einer netten Marktfrau geschenkt. Ihre guten Vorsätze von vorhin hatten sich rasch wieder in Luft aufgelöst.

Die Temperatur war laut digitaler Anzeige an der Mohren-Apotheke gegenüber der Lorenzkirche auf minus ein Grad gesunken. Es hatte leicht zu schneien begonnen. Die Kälte kroch unter ihre Kleider. Lucia schmiegte sich eng an ihren Bruder, als sie plötzlich von grölenden jungen Männern angerempelt wurden.

»Die haben schon jede Menge Glühwein intus«, sagte Zoltán.

»Was hast du gesagt? Ja nicht frech werden, Zigeuner«, brüllte ein Glatzkopf, der offensichtlich der Anführer der Bande war.

Lucia zuckte zusammen.

»Ist das nicht eine Zigeunernutte? Schau dir nur seine Haare und seine langen Wimpern an«, sagte sein ebenfalls glatzköpfiger Kumpan, der eine schwarze Tätowierung auf seinem blanken Schädel hatte.

»Magst du nicht ins Sternenkino im Planetarium gehen?«, fragte Zoltán leise seine Schwester.

Lucia sah ihn unsicher an.

»Lauf einfach den Christkindeln nach, die in der Königstraße hängen. Ich verspreche dir, ich hole dich nachher dort ab. Der Teufel soll mich holen, wenn ich mein Versprechen nicht halte. Und jetzt verzieh dich!« Er gab ihr einen Klaps auf den Po.

»Bitte komm mit. Wir haben genügend Geld für zwei Karten«, flehte sie ihn an.

»Hast du gehört, die haben Kohle«, rief die Glatze mit der Tätowierung.

»Her damit«, schrie ein kleiner, dicker, pickeliger Kerl und traf Anstalten, sich auf Lucia zu stürzen.

»Lass meine Schwester in Ruh.« Zoltán schlug mit seinen Fäusten auf den Fettwanst ein.

Mit rinnender Nase und Tränen in den Augen rannte Lucia los, lief die Königstraße entlang Richtung Planetarium.

Als sie sich einmal kurz umdrehte, sah sie, wie die beiden größeren Burschen ihren Bruder zwischen sich hin und her schubsten. Heulend lief sie weiter.

In dem großen, dunklen Kinosaal bekam sie es erst recht mit der Angst zu tun. Sie hatte vor allem Angst um Zoltán, hoffte, diese bösen Glatzköpfe würden ihn nicht verhauen. Doch »Peterchens Mondfahrt« war so spannend, dass sie ihre Ängste bald vergaß und mit offenem Mund und glühenden Ohren die abenteuerliche Reise des kleinen Peterchen verfolgte.

Als sie das Planetarium am Plärrer verließ, war weit und breit kein Zoltán zu erblicken. Sie wartete eine halbe Stunde auf ihn. Fror erbärmlich, obwohl sie dem Mädchen, das in der Reihe vor ihr gesessen war, die dicke Daunenjacke geklaut hatte.

Verzweifelt machte sie sich auf den langen Weg zurück zum Christkindlesmarkt und drängte sich dort durch die Menschenmassen. Trotz der klirrenden Kälte schienen mehr Leute unterwegs zu sein als nachmittags.

»Ihr Kinderlein kommet ...«, erklang aus einer Bude mit köstlichen Nürnberger Lebkuchen. Obwohl Lucia die alte Frau in dem hübschen Lebkuchenhaus weder angebettelt noch mit ihren großen Kulleraugen hungrig angestarrt hatte, schenkte ihr die Alte ein mit Schokolade überzogenes Lebkuchenherz.

»Lass es dir schmecken, Kleine«, sagte sie.

Lucia bedankte sich artig, eilte aber gleich weiter, aß das Herz im Gehen auf. Vergeblich hielt sie weiter Ausschau nach Zoltán. Hatte er sie einfach zurückgelassen? Vielleicht, weil sie so oft weinte? Sie wusste, dass er es nicht leiden konnte, wenn sie heulte.

Die Kleinbusse mit den anderen Bettelkindern waren längst zurück in die Slowakei gefahren. Abfahrt Punkt neunzehn Uhr vor der Oper, hatte es geheißen. Inzwischen war es halb neun.

Da sie schrecklich fror, ging sie in die Lorenzkirche, setzte sich in eine der hinteren Bänke und schlief vor Erschöpfung ein.

Plötzlich legte sich eine Hand auf ihre Schulter. Sie schreckte auf, drehte sich um und blickte einem fremden Mann in einem langen schwarzen Kleid und mit einem weißen Stoff um den Hals ins Gesicht.

Lucia begann am ganzen Körper zu zittern, versuchte, seine Hand abzuschütteln und wegzurennen. Doch er packte ihren Arm. Hielt sie fest.

»Hast du dich verlaufen?«, fragte er freundlich lächelnd.

Sie schüttelte den Kopf.

»Wie heißt du?«

Sie starrte ihn ängstlich an.

»Weißt du, wo du wohnst?«

Sie brachte keinen Ton heraus, schaute ihn nur mit weit aufgerissenen Augen an.

»Na, dann komm mal mit«, sagte er. »Wir werden schon ein warmes Plätzchen für dich finden.«

Lucia geriet in Panik. Sie bekam kaum mehr Luft. Bestimmt war das einer von diesen bösen Männern, vor denen Zoltán sie gewarnt hatte.

Reiß dich zusammen, alte Heulsuse, rief sie sich Zoltáns Ermahnungen ins Gedächtnis. Tapfer bekämpfte sie die aufkeimenden Tränen, stand ganz langsam auf und verließ die Kirchenbank.

Der ältere Mann lächelte sie nach wie vor an. Ehe er am Ende seiner Bankreihe angelangt war, rannte sie los, erreichte das Kirchentor einige Meter vor ihm und rannte einfach weiter, immer weiter. Sie drehte sich kein einziges Mal um. Erst bei einem Burger-Lokal blieb sie stehen. Sie liebte Hamburger.

Der alte Mann mit dem langen schwarzen Kleid war nirgends zu sehen. Plötzlich musste sie an den Herrn Pfarrer in ihrem Dorf denken. Obwohl dieser ein anderes Kleid getragen hatte, besaß er eine gewisse Ähnlichkeit mit dem Mann in der Lorenzkirche. Vielleicht war dieser freundliche alte Mann auch ein Stellvertreter Gottes gewesen? Sie bereute, nicht bei ihm geblieben zu sein.

Nur dumme Kinder betteln in einem Self-Service-Restaurant, hatte Zoltán zu ihr gesagt, als sie es einmal versucht hatte. Doch Lucia war, trotz Lebkuchenherz, schon wieder hungrig und schnappte sich übrig gelassene kalte Pommes und ein Tütchen Ketchup von den unabgeräumten Tischen. Dann ging sie aufs Klo und trank einen Schluck Wasser. Als sie das Burger-Lokal verließ, sah sie ein paar Leute in das erleuchtete Haus gegenüber gehen. An der Eingangstür stand eine Tafel: »Weihnachtsfeier im Literaturhaus«, entzifferte Lucia.

Sie folgte einem elegant gekleideten Pärchen, das zielstrebig durch die große Tür und dann die Treppe hinaufstolzierte.

Ein Blick in den Saal und Lucia wusste sofort, dass sie hier auffallen würde. Außer ihr war kein einziges Kind zu sehen. Tatsächlich starrten sie einige dieser schönen Menschen merkwürdig an. Eine ganz in Schwarz gekleidete Frau mit extrem kurz geschnittenen weißen Haaren und einer schweren silbernen Kette um den faltigen Hals fragte sie schließlich, wen sie suche.

Lucia brachte keinen Ton heraus und begann der Einfachheit halber zu weinen. Tränen kamen ihrer Erfahrung nach bei älteren Damen meist gut an.

Die fremde Frau wirkte tatsächlich nicht minder verzweifelt als sie und winkte ein paar andere Leute zu sich. Zu fünft redeten sie auf Lucia ein. Sie beantwortete keine Fragen, heulte einfach weiter, bis ihr irgendjemand zu essen gab. Kleine, rosa Dinger in einer rötlichen Sauce. Lucia spuckte die glitschigen Schwänzchen gleich wieder aus. Das köstliche Weißbrot aß sie brav auf. Sie sprach noch immer kein Wort, hörte aber genau zu, was diese feinen Leute über sie sagten. Ein großer, dünner Mann in einem eleganten Anzug sprach schließlich aus, was wahrscheinlich alle dachten: »Zigeunerkind«. Daraufhin redeten plötzlich alle von der Fürsorge und der Caritas, und einer der jungen Männer erwähnte sogar das Heim für Obdachlose. Als Lucia das Wort »Polizei« aus irgendeinem Mund vernahm, ließ sie vor Schreck ihren Teller fallen und lief zum Ausgang. Keiner kam hinter ihr her. Davon überzeugte sie sich mit einem raschen Blick zurück auf das hell erleuchtete Literaturhaus.

Dicke Schneeflocken umhüllten die kleine Gestalt, die durch die fast menschenleeren Straßen und Gassen stapfte. Lucia konnte es einfach nicht glauben, dass Zoltán sie in dieser fremden Stadt zurückgelassen hatte. Sie musste wieder zum Christkindlesmarkt. Bestimmt würde er bei einer ihrer Lieblingsbuden auf sie warten.

❄

Auf dem großen Platz war Stille eingekehrt. Die Lichter waren erloschen.

Lucia weinte hemmungslos. Am liebsten hätte sie sich auf einen der Schneehaufen am Rande des Platzes gelegt und in den Schlaf geweint.

»Willst du erfrieren, blöde Kuh«, hörte sie im Geiste ihren Bruder schimpfen.

Sie putzte sich die Nase mit dem nicht mehr ganz so reinweißen Taschentuch und schleppte sich weiter bis zur Lorenzkirche.

Sollte sie es wagen, noch einmal hineinzugehen? Der Mann in dem schwarzen Kleid befand sich bestimmt noch dort. Sehnsüchtig dachte sie an die wunderschöne Krippe in der Kirche. Vielleicht würde sie einfach das Jesuskind aus der Krippe werfen und selbst dort schlafen?

Als sie am Teufelsbrunnen vorbeikam, glaubte sie ein Gespenst zu sehen. Am Gitter vor dem Brunnen bewegte sich etwas. Herabhängende Arme, ein schmaler Körper. Ein nackter Hintern schaute aus der heruntergelassenen Hose. Sie wollte schon weiterrennen, als sie leises Stöhnen vernahm. Abrupt blieb sie stehen. Zögernd näherte sie sich der unheimlichen Gestalt.

Der Schreck fuhr ihr durch alle Glieder.

»Zoltán?«, flüsterte sie.

Vorsichtig berührte sie den Kopf ihres großen Bruders. Ihre Finger fühlten sich auf einmal feucht und klebrig an. Sie drehte seinen Kopf auf die Seite und begann zu wimmern.

Auf Zoltán Stirn und Wangen klebte Blut. Blut, nichts als Blut. Auch der steinerne Brunnen hatte dunkle Flecken.

Aber Zoltán lebte noch. Er stöhnte, konnte sich jedoch offensichtlich kaum mehr bewegen.

Er murmelt etwas, das so ähnlich klang wie: »Verdammte Teufel ...«

»Der Teu...fel hat d... dich erwürgt?«, stammelte sie entsetzt und starrte auf die steinerne Fratze über dem Kopf ihres Bruders.

»Töte ihn«, sagte er röchelnd, bevor er das Bewusstsein verlor.

Lucia, die sonst wegen jeder Kleinigkeit zu weinen begann, hatte plötzlich keine Tränen mehr. Mit finsteren Blicken musterte sie das hässliche Antlitz des Teufels. Dann zog sie ihrem Bruder die Hose hoch.

Zwischen Zoltáns Füßen lag etwas. Sie bückte sich, hob es auf.

Eine Geldbörse. Die heruntergelassene Hose hatte sie verdeckt.

Sie öffnete das Portemonnaie und betrachtete lange das Foto auf dem Führerschein. Ein junger Mann mit rundem Gesicht und einer Glatze, auf der ein komisches Zeichen tätowiert war. Er trug eine Art Uniform. Sie erkannte ihn sofort. Diesem Mann waren sie heute am Christkindlesmarkt begegnet. Er hatte Zoltán herumgeschubst und ihn als Zigeunernutte beschimpft. Ähnlich aussehende Männer hatten damals ihr Dorf in der Ostslowakei abgefackelt und ihre Eltern umgebracht.

Lucia buchstabierte halblaut den Namen des Teufels. Seine Adresse würde sie herausfinden. Sie wusste, was zu tun war.

Wiener Christkindl

Weihnachten in der Pension Sissi

Wien, Westbahnhof. Heiliger Abend, kurz vor Einbruch der Dunkelheit.

Die Stadt schaute ihn von ihrer hässlichsten Seite an: aufgerissene Straßen, heruntergekommene Häuser, leerstehende Geschäfte und geschlossene Lokale. Nicht einmal die großstädtisch anmutenden Leuchtreklamen und die Weihnachtsbeleuchtung über den Straßen konnten das eintönige Grau übertönen. Selbst der Himmel über Wien war grau.

Auf dem Bahnhofsvorplatz lungerten ärmlich gekleidete Gestalten. Endlose Autoschlangen krochen in beiden Richtungen über die sechsspurige Fahrbahn. Hatten die Wiener am Heiligen Abend nichts Besseres zu tun, als mit ihren Autos herumzukurven?

Ein Blick in seine Brieftasche hielt ihn davon ab, ein Taxi zu nehmen.

Hungrig und erschöpft von der langen Zugfahrt schlenderte er den Gumpendorfer Gürtel entlang. Arabische Zeitungsverkäufer, ausgemergelte Junkies und minderjährige Strichbubis quatschten ihn an. Auch manch Schöne der Nacht, die am Straßenrand auf Freier wartete, warf dem älteren Mann mit dem teuren Lederkoffer ein herausforderndes Lächeln und ein kokettes »Na mein Süßer, wie wär's mit uns beiden?« zu.

Er ignorierte ihre freundlichen Einladungen.

Eine dunkle Seitengasse, ein beleuchtetes, mit Tannenzweigen geschmücktes Schild: »Pension Sissi«. – Was für ein vielversprechender Name!

Die Pension befand sich im zweiten Stock. Vergeblich sah er sich nach einem Lift um. Mezzanin, Halbstock, erster Stock, die Stiegen wollten kein Ende nehmen.

In der Rezeption thronte eine wohlbeleibte Dame fortgeschrittenen Alters. Sie hieß ihn mit einem charmanten Lächeln willkommen und musterte ihn von Kopf bis Fuß. Was sie sah, schien ihr nicht zu missfallen. Sein Anzug wirkte zwar abgetragen, war aber aus gutem Stoff, sein weißes Hemd sauber, die schwarze Krawatte mit den gelben Pünktchen ordentlich gebunden. Aus der Brusttasche seines Sakkos schaute ein Stecktuch, selbes Muster wie die Krawatte, hervor.

Er fragte nach dem Zimmerpreis.

Sie konnte eine gewisse Enttäuschung nicht verbergen, runzelte die Stirn und griff nach ihrer Brille, die an einem Goldkettchen über ihrem bemerkenswerten Busen baumelte.

Auf den zweiten Blick erschien ihr seine Eleganz mehr als fragwürdig. Das Sakko glänzte speckig, sein Kragen war mit Schuppen übersät, außerdem hatte er zu viel Pomade im grau melierten Haar.

Seufzend reichte sie ihm den Schlüssel von Zimmer drei.

»Klo und Dusche befinden sich am Gang, gleich gegenüber.«

Sie verlangte keinen Ausweis, bestand jedoch darauf, dass er das Zimmer für eine Nacht im Voraus bezahlte.

Eine zweite Nacht würde er sich keinesfalls mehr leisten können, aber er war zu müde, um weiterzusuchen.

Wie idiotisch, zu Weihnachten ausgerechnet nach Wien zu fahren! Angesichts der Touristenmassen, die vor allem über die Feiertage in diese ehemalige Metropole strömten, hatte er angenommen, dass die Stadt ein ideales Pflaster für ihn wäre. Konfrontiert mit dieser Tristesse, befürchtete er eher depressiv als reich zu werden.

Er begab sich sofort auf sein Zimmer, obwohl die dicke Pensionsbesitzerin einer kleinen Plauderei nicht abgeneigt schien. Sie lächelte unentwegt und klimperte nicht nur mit den Wimpern, sondern auch mit ihren Armreifen.

Eine spärlich möblierte Besenkammer für fünfzig Euro. Das schmale, hohe Fenster ging auf einen Hinterhof hinaus. Über dem Stahlrohrbett baumelte eine nackte Glühbirne. Der Raum erweckte unangenehme Erinnerungen an die Gefängniszelle, die er längere Zeit von innen gesehen hatte.

Er legte sich aufs Bett, verschränkte die Arme unterm Nacken und starrte auf den armen Kerl, der an der Wand gegenüber am Kreuz hing. Der Herr schaute ihn so vorwurfsvoll an, dass er dem durchdringenden Blick nicht lange standhielt. Er wandte sich ab, betrachtete gelangweilt die rissige, graugelbe Decke, verfolgte die Sprünge vom einen Ende zum anderen und versuchte, sich auf den Autolärm, der vom Gürtel herüberschallte, zu konzentrieren. Er hoffte, das monotone Geräusch würde ihn einschläfern. Die Sprungfedern der ausgeleierten Matratze bohrten sich in sein Kreuz, und seine Schuhe drückten ihn. Sie waren ihm um mindestens eine Nummer zu klein.

Es klopfte.

Erschrocken sprang er auf, rückte seine Krawatte zurecht und fuhr sich mit den Fingern durchs Haar.

»Herein!«

In der Tür stand die Dame des Hauses, ein Tablett mit einer Schale Kaffee und einem Stück Guglhupf in der Hand.

»Bei uns ist es üblich, den Gästen einen Willkommenstrunk zu kredenzen«, bemerkte sie gespreizt.

Er bedankte sich höflich und bat sie, näher zu treten. Als sie sich an ihm vorbeizwängte, streifte ihr Busen seinen Arm.

Mit einem koketten Augenaufschlag stellte sie das Tablett auf das wackelige Tischchen neben dem Fenster.

In jeder anderen Situation hätte ihn diese alte Schreckschraube zum Lachen gereizt, doch seine momentane Lage erlaubte ihm nicht, sich über andere lustig zu machen.

Die Pensionsbesitzerin war einige Jahre älter als er, bestimmt schon Mitte sechzig. Sie hatte jedoch ein hübsches, nicht allzu faltenreiches Gesicht. Ihre schmalen Brauen hatte sie mit einem Kohlestift nachgezogen, ihre Lippen in kräftigem Rosa geschminkt. Das lange, pechschwarz gefärbte Haar war mit einem neckischen roten Mascherl im Nacken zusammengebunden.

Immer noch lächelnd begegnete sie seinem kritischen Blick.

Ihr Lächeln machte ihn nervös. Während er krampfhaft überlegte, wie er sie, ohne unhöflich zu sein, wieder loswerden könnte, taxierte sie ihn erneut. Sie ließ sich viel Zeit dabei, schien seine Verlegenheit zu genießen.

Er besaß eine gewisse Ähnlichkeit mit dem Heurigenmusiker, an den sie ihre besten Jahren verschwendet hatte, und er erinnerte sie auch ein wenig an den Vorstadtcasanova mit guten Bankkontakten, an den sie einen Großteil ihrer Ersparnisse verloren hatte.

Doch eine alleinstehende Frau in meinem Alter darf nicht mehr allzu wählerisch sein, sagte sie sich.

»Vielleicht möchten Sie lieber ein Gläschen Wein bei mir drüben trinken? Schließlich ist heute Heiliger Abend. Außerdem habe ich Geburtstag. Ich bin ein echtes Christkindl«, säuselte sie zuckersüß.

Er wollte verneinen, da fiel sein Blick auf ihre lange, doppelreihige Perlenkette. Ein kaum hörbares »Ja, sehr gerne« schlüpfte ihm über die Lippen.

»Sagen wir in einer halben Stunde?« Aufreizend mit den ausladenden Hüften wackelnd, verließ sie sein Zimmer.

An Abscheu grenzende Unlust war das einzige Gefühl, das ihre fülligen Formen bei ihm hervorriefen.

Das Gescheiteste wäre, einfach nicht hinüberzugehen, dachte er und wusste im selben Augenblick, dass er gehen würde. Für einen Mann wie ihn würde es eine Kleinigkeit sein, an ihren Schmuck zu kommen. Bestimmt hatte sie auch Bargeld in der Wohnung versteckt. Diese alten Schachteln trugen ihr Geld nie auf die Bank, lieber vertrauten sie es einem Sparstrumpf an.

Sie hatte sich umgezogen, empfing ihn in einem tief ausgeschnittenen, mit Strass bestickten T-Shirt und einem eleganten, schwarzen Rock, den ihr massiges Hinterteil zu sprengen drohte. Das Haar trug sie jetzt offen.

Er wurde ins Wohnzimmer komplimentiert. Mit einschmeichelnder Stimme bat sie ihn, auf der Couch Platz zu nehmen.

Während sie sich an der Bar zu schaffen machte, eine Flasche Rotwein öffnete und den Inhalt der Flasche in eine große Karaffe leerte, blickte er sich in dem sauberen und ordentlich aufgeräumten Zimmer um: Gediegene altdeutsche Kästen und Kredenzen, Biedermeiersessel, ein glitzernder Kristallluster, ein echter Perserteppich und an den Wänden kitschige Schinken in Öl. Seine Laune besserte sich zusehends.

Sie stellte Karaffe und Gläser auf den Tisch und setzte sich zu ihm auf die Couch. Ihr Geruch, diese seltsame Mischung aus Mottenpulver und schwerem Parfüm, raubte ihm beinahe den Atem.

Nach dem zweiten Viertel bot sie ihm das Du-Wort an.

»Ich bin die Sissi«, sagte sie und rückte ein Stück näher an ihn heran.

Ihre Brüste quollen aus ihrer engen weißen Bluse und ihr Rock rutschte hoch, entblößte ihre Schenkel.

So sehr er sich auch bemühte, es wollte ihm einfach nicht gelingen, Lust zu empfinden.

»Franz«, murmelte er, stieß mit ihr an und küsste sie flüchtig auf den Mund.

Als sie mit ihren wulstigen, mehrfach beringten Fingern die Innenseite seiner Schenkel zu streicheln begann, blieb er zunächst völlig gleichgültig. Beim Anblick der funkelnden Ringe – Gold mit Diamanten besetzt – geriet er schließlich doch in Erregung.

Die Couch war viel zu schmal für die Dicke und ihn. Irgendwie, er wusste selbst nicht, wie, brachte er es hinter sich, mit geschlossenen Augen und verkrampftem Mund. Sein Herz klopfte ihm bis zum Hals. Nach seinem ersten Infarkt vor drei Jahren hatte ihm der Arzt jede Anstrengung verboten.

Zufrieden seufzend blieb sie auf ihm liegen. Ihr Haar bedeckte seine Wangen, ihre doppelreihige Perlenkette hatte sich um seinen Hals geschlungen. Er bekam kaum noch Luft.

Aus der Nähe wirkte ihr Gesicht derb und ordinär. Ihr drittes Gebiss lachte ihn von alleine an. Auch die weißen Perlen schienen ihm auf einmal verdächtig gleichmäßig und keineswegs handgeknüpft zu sein. Er begann nicht nur an der Echtheit ihres Schmucks zu zweifeln, das ganze Zimmer erschien ihm plötzlich eine drittklassige Imitation eines gutbürgerlichen Haushalts zu sein. Nicht einmal der Perserteppich konnte ihn vom Gegenteil überzeugen.

»Das war für unser Alter gar nicht mal so schlecht«, konstatierte sie und drückte ihm lachend einen herzhaften Schmatz auf die Lippen.

Stöhnend versuchte er, sich aus ihrer Umklammerung zu befreien. Sie blies ihm ihren nach Wein stinkenden Atem ins Gesicht. Ihm wurde übel. Er befürchtete, sich jeden Augenblick übergeben zu müssen. Sex und Alkohol, noch dazu Rotwein, auf nüchternen Magen hatte er noch nie vertragen.

Einer Ohnmacht nahe, bemühte er sich mit letzter Kraft, sie wegzustoßen. Die Kette zersprang, die Perlen hüpften über den Boden.

Sie kreischte hysterisch und beschimpfte ihn lautstark, traf jedoch keine Anstalten, sich zu erheben, sondern klammerte sich nur noch fester an ihn, stopfte ihm eine ihrer üppigen Brüste in den Mund und presste ihren stattlichen Bauch auf sein krankes Herz.

Ihm schwindelte. Er spürte, wie ihm langsam schwarz vor den Augen wurde. Die Wände des Zimmers neigten sich, rückten näher und näher. Die Decke senkte sich. Und das schwere Fleisch drohte ihn zu erdrücken.

Ihre schrille Stimme verwandelte sich in ein unverständliches Gemurmel, in seinen Ohren erscholl ein lautes, unheimliches Dröhnen. Ein hilfloses Röcheln, ein letztes schwaches Aufbäumen seines Oberkörpers, dann wurde es Nacht um ihn.

Sie verschränkte ihre dicken Armen auf seiner Brust, betrachtete beinahe liebevoll sein bleiches Gesicht und lächelte versonnen.

Erst als sie sich sicher war, dass er nicht wiederauferstehen würde, erhob sie sich, holte einen feuchten Lappen und ein Handtuch aus der Küche und beseitigte die Spuren des kurzen Vergnügens.

Ihre Perlen wollte sie später aufsammeln. An den Weihnachtsfeiertagen würde sie nun wenigstens eine Beschäftigung haben. Sie besaß die Fähigkeit, jedem Missgeschick auch etwas Positives abzugewinnen.

Während sie Rock und Bluse anzog, ließ sie ihren Gast nicht aus den Augen. Er schaute sie so traurig an, der nackte, tote Mann. Schließlich erbarmte sie sich seiner und streifte ihm die nicht mehr ganz saubere Unterhose über.

»Dreckskerl«, murmelte sie, packte ihn an den Füßen und zerrte ihn von der Couch. Sein Toupet blieb am Polster liegen.

Schwitzend, keuchend und fluchend schleifte sie ihn über den Gang in sein Zimmer. Keiner konnte sie hören. Er war ihr einziger Gast. Als sie versuchte, die Leiche aufs Bett zu befördern, geriet sie noch mehr ins Schwitzen. »Verdammte Scheiße«, schimpfte sie leise, als hätte sie Angst, der Tote könnte sie hören.

Sie beschloss, ihn auf dem Linoleumfußboden liegenzulassen. Vor dem Bett zusammengebrochen in der Heiligen Nacht – plötzlicher Herzstillstand. Morgen früh würde sie den Notarzt rufen. Notärzte stellten keine unangenehmen Fragen.

Sie wischte sich den Schweiß von der Stirn und kehrte in ihre Wohnung zurück. Erschöpft von den ungewohnten Anstrengungen, ließ sie sich auf ihre Couch fallen, schenkte sich ein Glas Wein ein und drehte den Fernseher auf. Keinesfalls wollte sie die Übertragung der katholischen Christmette aus dem Stephansdom verpassen. Noch war es nicht so weit. Auf ORF eins lief eine dümmliche Weihnachtskomödie.

»Auf dein Wohl, Sissi, und alles Gute zum Geburtstag!« Sie prostete sich selbst zu, leerte das Glas in einem Zug und griff gleich noch einmal nach der Karaffe.

Erst als sie leer war, sammelte sie die restlichen Sachen ihres soeben verblichenen Liebhabers ein und brachte sie in sein Zimmer. Das Toupet behielt sie als Souvenir. Dort, wo er jetzt war, brauchte er es nicht mehr.

Seine abgetretenen braunen Lederschuhe stellte sie unter den Tisch, die stinkenden Socken legte sie ordentlich daneben. Als sie sein Sakko und die gelb gepunktete Krawatte auf einen Bügel hängte, fiel ihr Blick auf den schicken Lederkoffer unten im Schrank. Verärgert stellte sie fest, dass der Koffer verschlossen war.

Hastig durchsuchte sie die Taschen seiner Anzugjacke. In seiner Brieftasche herrschte gähnende Leere. Ein abgegriffener, längst abgelaufener Reisepass war ihre einzige Ausbeute. Die Züge des Toten wiesen zwar eine gewisse Ähnlichkeit mit dem unscharfen Passfoto auf, doch sie bezweifelte die Echtheit des Dokuments. Ein Herr Kaiser, mit Vornamen Franz Josef, geboren in Bad Ischl? Der gute Mann war wohl ein kleiner Scherzbold gewesen.

Der Inhalt seiner Hosentasche war ebenfalls eine Enttäuschung: Ein benutztes Papiertaschentuch, ein Kamm, dem einige Zähne fehlten, ausländische Münzen und ein heiliger Antonius aus silbern schimmerndem Blech, aber keine Kofferschlüssel.

Sie hatte keine Lust weiterzusuchen, holte einen Schraubenzieher aus ihrer Wohnung und brach das Kofferschloss auf.

Eine kurze Anwandlung von Mitleid überkam sie. Im Grunde war sie eine gutmütige Person. Doch plötzlich begann sie hysterisch zu lachen, lachte laut und unbeherrscht, konnte gar nicht mehr aufhören zu lachen, angesichts des seltsamen Sortiments von Visitenkarten mit unterschiedlichen Namen, leeren Portemonnaies, verrosteten Schlüsseln, altmodischen Dietrichen und Dutzenden funkelnagelneuen Fünfhundertern, auf deren Rückseite sich, statt der modernen Brücke, das altmodische Viadukt von der Rückseite der Fünf-Euro-Scheine befand.

Der Traummann

Kamelienblüte im Dezember

1.

Magistra Melanie Klein war klinische Psychologin. Die Vorfreude auf Weihnachten mit ihrem Traummann unter blühenden Kamelien ließ ihr die anstrengende Arbeit im Otto-Wagner-Spital auf der Baumgartner Höhe erträglicher erscheinen. Vor den Feiertagen spielten sich in der Psychiatrie immer wahre Dramen ab. Nicht nur die Patienten drehten dann meistens durch, sondern auch das Personal.

Ihrem Traummann war sie letzten Herbst auf einer psychiatrischen Tagung am Steinhof zum ersten Mal begegnet. Dr. Antonin Vukovic hatte auf dieser Tagung über »narzisstische Persönlichkeitsstörungen« aufsehenerregende Diskussionsbeiträge geliefert.

Sie war von diesem intelligenten, gutaussehenden Psychiater aus Kroatien total fasziniert gewesen. Dr. Vucovic war mittelgroß, schlank, hatte pechschwarzes, an den Schläfen leicht ergrautes Haar, wundervolle dunkelbraune Augen und einen sehr sinnlichen Mund.

Nach der Tagung brachte sie ihn mit ihrem uralten Auto zum Nachtzug nach Rijeka. Als sie sich am Bahnsteig von ihm verabschiedete, umarmte er sie und küsste sie stürmisch. Von diesem Kuss zehrte sie die nächsten Wochen lang.

Danach traf fast täglich ein Mail von ihm ein, hin und wieder auch ein SMS, aber er rief nie an. Melanie hatte Mühe, seine anspruchsvollen Mails zu beantworten. Anfangs berichtete ihr Dr. Vukovic ausführlich von seiner Arbeit im Klinischen Krankenhauszentrum Rijeka, erwähnte, dass er demnächst Primarius der Psychiatrischen Abteilung werden würde. Sie konnte es kaum fassen, dass sich dieser hochintelligente Mann ausgerechnet für sie interessierte.

Bald wurden seine seitenlangen Mails persönlicher. Sie erfuhr, dass sein Großvater ein enger Freund des legendären jugoslawischen Staatspräsidenten Josip Broz Tito gewesen war. Voller Verehrung sprach er in seinen Mails auch von seinem Vater, einem hohen Militär, beschrieb ihr den General als sehr strengen, aber gerechten Mann. Über seine Mutter äußerte er sich kaum, bemerkte nur, dass sie vor ihrer Eheschließung eine begnadete Schauspielerin war. Seine Eltern waren nicht mehr am Leben.

In einem späteren Mail schrieb er, dass ihn seine Frau wegen eines anderen Mannes verlassen hatte und mit ihrem Liebhaber in die USA gegangen war.

Sein Vertrauen ehrte sie. Allerdings wunderte sie sich, dass er nach so kurzer Bekanntschaft so offen zu ihr war.

Als die ersten Mails mit erotischen Anspielungen eintrafen, schwebte sie im siebten Himmel. Antonin drückte sich aus wie ein Dichter, sprach von seiner Sehnsucht, seiner Leidenschaft. Ihre Antworten kamen ihr schrecklich banal vor. Dennoch vertraute auch sie ihm schriftlich ihre intimsten Gedanken an.

Einmal erwähnte er, dass seine Ex-Frau Saskia behauptet hatte, er wäre der beste Liebhaber der Welt. Diese Worte versetzten Melanie in Panik. Aufgeregt las sie weiter. Seine Frau war Model gewesen. Ihre Intelligenz hätte mit ihrer

Schönheit leider nicht konkurrieren können, schrieb Antonin. Trotzdem beunruhigte Melanie dieses Mail. Sie hielt sich weder für schön noch für besonders gescheit. Sie war eine eher unscheinbare Frau, hatte zwar eine gute Figur, die sie allerdings unter weiter Kleidung zu verbergen suchte. Meistens war sie ungeschminkt und band ihr blondes, halblanges Haar im Nacken zusammen. Schön waren nur ihre großen blauen Augen.

Melanie war eine Einzelgängerin und ein Workaholic, obwohl ihr das ständige Testen und Diagnostizieren und die vielen Gruppentherapiesitzungen gehörig auf die Nerven gingen. Mit Männern hatte sie nicht viel Erfahrung. Vor nunmehr fast zwanzig Jahren war sie mit ihrer Jugendliebe aus einem Dorf in Niederösterreich nach Wien gezogen, um gemeinsam an der Uni zu studieren. Nach dem Ende des Studiums war er mit ihrer einzigen Freundin für ein paar Monate nach Thailand abgehauen. Sie hatte sich einen Job gesucht. Danach hatte es noch zwei One-Night-Stands und ein zweijähriges Verhältnis mit einem verheirateten Psychotherapeuten gegeben. Als ihm seine Frau mit der Scheidung drohte, verließ er Melanie. Sie machte eine Therapie bei einer aus dem Fernsehen bekannten Familientherapeutin, vertraute dieser Dame jedoch nicht, hatte Angst, sie würde es mit der Schweigepflicht nicht allzu ernst nehmen. Das eine Jahr Psychotherapie hatte nicht viel gebracht, außer dass sie seither die Suche nach einem Mann aufgegeben hatte.

Mitte Dezember kam die Einladung von Antonin, ihn über Weihnachten in Opatija zu besuchen. Melanie konnte ihr Glück kaum fassen. Vor lauter Freude wurde sie krank, ging trotzdem arbeiten, steckte einige ihrer Patienten und Kollegen mit ihrer schweren Erkältung an.

Antonin hatte sie gebeten, schon ein paar Tage vor Weihnachten anzureisen, da er sich ab dem 22. Dezember Urlaub genommen hatte. Drei Tage vor dem Heiligen Abend meldete sie sich krank, obwohl sie fast wieder gesund war, und fuhr mit dem Frühzug um sieben Uhr fünfundfünfzig nach Opatija.

2.

Die Zugfahrt schien ewig zu dauern. Mit Umsteigen und zweistündiger Wartezeit auf dem hässlichen Bahnhof in Ljubljana brauchte sie über neun Stunden von Wien nach Opatija.

Als sie kurz vor ihrer Ankunft aus dem Zugfenster blickte und das Lichtermeer von Opatija vor sich sah – das Meer konnte man mehr erahnen als sehen –, fühlte sie sich zum ersten Mal seit vielen Jahren beinahe glücklich.

Als sie ausstieg, erschrak sie. Der Bahnhof Opatija-Matulije schien menschenleer. Dr. Antonin Vukovic war nirgends zu sehen.

Sie wollte sich eine Zigarette anzünden, als sie unter dem mit Weinranken bewachsenen Vordach neben dem kleinen Bahnhofsgebäude eine dunkle Gestalt entdeckte. Die Zigarette landete auf den Gleisen.

Antonin küsste sie stürmisch. Melanie wünschte sich, dass dieser Kuss niemals enden würde. Plötzlich schob er sie ein Stück von sich weg.

»Ich habe dir schon in Wien gesagt, dass ich weder Nikotingeschmack noch andere Chemikalien in meinem Mund schätze.« Er sagte es scherzhaft.

Sofort nahm sie ein Taschentuch aus ihrer Handtasche und wischte sich die Schminke vom Gesicht.

Galant hielt er ihr die Tür auf der Beifahrerseite seines knallroten Alfa Romeo Spider auf. Bevor er losfuhr, schloss er das Dach des Cabrios, beugte sich zu ihr hinüber und küsste sie noch leidenschaftlicher als vorhin.

»Der Wagen ist so gut wie neu, habe ihn erst vor ein paar Wochen gekauft. Ich möchte dir ganz Istrien zeigen«, sagte er, als er losfuhr.

Auf der Fahrt hinunter in die Stadt strahlte sie wie einer der Christbäume vor den vielen Hotels.

Die Villa Ostara lag an einem bewaldeten Hang, in der Nähe des Zentrums.

»Ostara war der Name meiner Mutter«, erklärte ihr Antonin, als er sich schräg gegenüber vor einem im Dunkeln liegenden Haus einparkte.

»Was für ein schöner Name! Hieß nicht die Göttin des Frühlings so?«

Er schenkte ihr einen anerkennenden Blick.

Seine zweistöckige, in italienischem Stil erbaute Villa war umgeben von einem verwilderten Garten. Die hohen Bäume ließen wahrscheinlich auch tagsüber kaum einen Lichtstrahl in das alte, etwas heruntergekommene Gebäude dringen.

»Möchtest du gleich das Haus besichtigen?«, fragte er, wartete ihre Antwort jedoch nicht ab, ließ ihren Rollkoffer im Auto und bat sie, ihm zu folgen.

Im Entree der Villa hing ein Luster aus Muranoglas von der hohen Decke. Sowohl der Garderobenschrank als auch die Schuhkommode stammten aus dem 19. Jahrhundert. Die Wände zierten alte Fotos von Opatija, damals Abbazia.

Die Tür links neben dem Eingang stand einen Spalt offen. Melanie warf einen Blick in das Zimmer. Verrostete Gartenmöbel, kaputte Sonnenschirme und anderes Gerümpel.

»Der Abstellraum. Hier muss ich endlich mal Ordnung schaffen.« Rasch machte Antonin die Tür zu und zeigte ihr das gegenüberliegende sehr geräumige Bad.

Über den Klodeckel war eine weiße Spitzendecke gebreitet. Darauf standen mehrere Kaffeetassen, ein paar Teller und Besteck. In der Badewanne lagen ein Topf und eine Pfanne. Die Ablagefläche neben dem Waschbecken war vollgeräumt mit Putzmitteln und Insektiziden. Sogar eine Packung Rattengift befand sich darunter. Melanie schaute Antonin irritiert an.

»Dieses Bad wird nicht benützt«, erklärte er ihr. »Ich wasche hier nur das Geschirr. Oben im anderen Badezimmer gibt es manchmal kein warmes Wasser.«

Irritiert folgte sie ihm hinauf in die Beletage.

Der riesige Salon mit einem gut erhaltenen Fresko an der Decke und einer hübschen altrosafarbenen Blümchentapete raubte ihr beinahe den Atem. Sie kam sich vor wie in einem venezianischen Palazzo.

Die Möbel waren fast alle antik. Eine mit königsblauem Stoff überzogene Chaiselongue, ein zarter Schreibtisch mit gedrechselten Beinchen vor einem der hohen Fenster, eine Biedermeierkommode, eine Glasvitrine voller Nippes, daneben ein zweiter doppeltüriger Vitrinenschrank, in dem ein altmodisches Kaffeeservice, ein Teeservice aus chinesischem Porzellan und böhmische Kristallgläser aufbewahrt wurden. Die Fensterbretter waren vollgestellt mit mehr oder weniger geschmackvollen Vasen und Glasschalen.

In der Mitte des Raumes stand ein großer schwerer Esstisch, umgeben von acht mit dunkelrotem Samt überzogenen gepolsterten Stühlen, die nicht zu dem derben Nussholztisch passten. Vor dem offenen Kamin gab es eine moderne Sitzlandschaft in tabakbraunem Leder.

Wertvolle Art-déco-Lampen und alte Orientteppiche ergänzten das Interieur. Die Wände waren übersät mit Gemälden, dazwischen hingen zahlreiche Fotos. Auf einigen der Bilder erkannte Melanie Antonin in den verschiedensten Lebensjahren. Seine traurigen Blicke auf all den Fotos rührten sie an.

In einer finsteren Ecke entdeckte sie plötzlich einen Glastisch, auf dem eine Kaffeemaschine, ein Wasserkocher und eine Camping-Gasplatte standen.

Das stilistische Durcheinander verwunderte sie ein bisschen. In diesem mindestens siebzig Quadratmeter großen Salon passte kein Möbelstück zum anderen.

Antonin schien ihre Verwunderung bemerkt zu haben, sie aber falsch zu deuten.

»Diese Antiquitäten stammen alle von meinen Eltern«, sagte er stolz, schob die schweren bordeauxroten Brokatvorhänge beiseite und öffnete die Balkontür. »Hier draußen kannst du rauchen, wenn es unbedingt sein muss. Wegen deiner Bronchitis solltest du das Rauchen lieber unterlassen. Hör auf deinen Herrn Doktor«, witzelte er. »Pass auf, wohin du trittst, denn der Balkon wird gerade saniert.«

Sie warf einen ängstlichen Blick auf die verwitterten Holzlatten, mit denen er eingerüstet war.

Hinter dem Salon befanden sich die Bibliothek, daneben ein schmales, spartanisch eingerichtetes Zimmer mit einem schwarzen Jugendstilschreibtisch. Davor stand ein bequemer Bürostuhl, dahinter befand sich eine schmale, altmodische Couch. Das Gästezimmer, vermutete sie zuerst, dann erblickte sie einen Laptop auf dem Schreibtisch sowie einen Notizblock und Schreibwerkzeug in Reih und Glied.

»Hier arbeite ich«, sagte er.

Unwillkürlich musste sie an das Chaos auf ihrem Schreibtisch zuhause denken. Prompt schämte sie sich ein bisschen.

Im zweiten Stock gab es drei Schlafzimmer und eine kleine Toilette mit Dusche.

Er öffnete die Tür des mittleren Raumes. »Voilà, das ist dein Reich. Es war das Zimmer meiner Mutter. Rechts war das Schlafzimmer meines Vaters. Links war früher mein Kinderzimmer, später diente es Saskia als Garderoben- oder Ankleideraum.«

Mitten in dem geräumigen, sehr feminin eingerichteten Zimmer stand ein schmales weißes Himmelbett, höchstens einen Meter zwanzig breit, also kaum für zwei Personen geeignet. Alle anderen Möbel waren ebenfalls aus weißem Schleiflack. Auf einer altmodischen Psyche standen einige fast leere Parfümfläschchen und Flacons. Sie fragte sich, ob diese von seiner Mutter oder von seiner Ex-Frau stammten. An den Wänden hingen Fotos einer attraktiven Frau. Auf den meisten Bildern trug sie Abendkleidung oder Theaterkostüme.

»Meine Mutter«, sagt er mit belegter Stimme. »Sie war viele Jahre jünger als mein Vater und ist erst Anfang vierzig mit mir schwanger geworden.«

Melanie ging auf die vierzig zu. Ihren Kinderwunsch hatte sie längst aufgegeben.

Sie betrachtete sich in dem riesigen Spiegel der Psyche. Ihr Gesicht wirkte verzerrt, fast aufgedunsen und war voller roter Flecken. Schnell wandte sie den Blick von ihrem Spiegelbild ab.

»Den Elektrostrahler dreh bitte höchstens auf die mittlere Stufe und schalte ihn, wenn du dich hinlegst, unbedingt ab, außer du möchtest das ganze Haus abbrennen«, scherzte er.

»Und wo schläfst du?«

»Im ehemaligen Schlafzimmer meines Vaters. Meistens schlafe ich jedoch unten in meinem Arbeitszimmer. Oft kommen mir nachts die besten Ideen. – Keine Angst, ich werde dich schon öfter besuchen.« Lächelnd küsste er sie.

Enttäuscht, dass sie nachts nicht das Bett miteinander teilen würden, fragte sie, ob sie die anderen beiden Räume sehen dürfe.

»Da gibt es nicht viel zu sehen.«

»Und wo ist die Küche?«

»Ich brauche keine Küche. Der Campingkocher und die Kaffeemaschine unten im Salon genügen mir vollkommen.« Seine Worte klangen leicht gereizt.

»Hast du keinen Kühlschrank?«

»Wozu? Ich trinke keine Milch, verwende keine Butter...«

»Hast du eine Laktoseunverträglichkeit?«

»Nein, aber Milchprodukte sind ungesund.«

Sie war leicht schockiert über seinen spartanischen Lebensstil und fragte sich, wie lange sie es wohl in diesem kalten, unfreundlichen Haus aushalten würde. Obwohl sie nach wie vor ihre dicke Daunenjacke anhatte, fror sie erbärmlich.

»Richte dich erst einmal ein. Wir sehen uns in einer halben Stunde unten im Salon.«

»Mein Koffer?«

»Den bringe ich dir gleich.«

Als er mit ihrem Koffer zurückkam, schaute er ihr tief in die Augen. Sie wusste seine Blicke richtig zu deuten. Sekunden später entledigten sie sich beide ihrer Kleidung.

Antonin war heuer fünfzig geworden, also zwölf Jahre älter als sie. Doch sein Körper sah aus wie der Körper eines jungen Mannes. Sie streichelte seine glatte, unbehaarte Haut, seine Brust, seinen flachen, festen Bauch und seine muskulösen Oberschenkel.

Er schob ihre Hände weg. »Lass mich dich verwöhnen«, flüsterte er.

Melanie versuchte sich zu entspannen, seine Zärtlichkeiten zu genießen. Als sich sein Mund ihrer Scham näherte, bekam sie es mit der Angst zu tun, dass sie nach dieser langen Zugfahrt nicht besonders gut riechen würde. Schnell richtete sie sich auf, umfasste sein Glied, zwang ihn, in sie einzudringen.

»Ich halte es nicht mehr länger aus«, stöhnte sie, als sie seinen fragenden Blick bemerkte.

Seine Leidenschaft überwältigte sie und wirkte animierend. Sie trieben einander fast zur Raserei. Erschöpft sanken sie danach beide aufs Bett. Sie wollte sich an ihn kuscheln. Er wand sich wortlos aus ihrer Umarmung, sprang auf und eilte ins Bad. Er kam nicht mehr zurück.

Sein abweisendes Verhalten nach diesem aufregenden Liebesakt verunsicherte sie sehr. Offensichtlich schätzte er die körperliche Nähe nach dem Geschlechtsverkehr nicht.

Sie schwankte zwischen Euphorie und Frustration. Fürchtete vor allem, er wäre von ihr sexuell enttäuscht gewesen.

Leicht benommen wankte sie auf die Toilette. Es gab kein Klopapier, sondern nur grobes, in kleine Stücke gerissenes Zeitungspapier.

Nachdem sie ebenfalls geduscht hatte, begann sie ihren Koffer auszupacken. Außer unten im Vorzimmer hatte sie im ganzen Haus keinen einzigen Schrank gesehen. Sie wusste nicht, wohin sie ihre Sachen hängen sollte. Die Schubladen der Kommode neben ihrem Bett waren voller Bettwäsche und Handtücher.

Auf der Suche nach einem Kleiderschrank klopfte sie an die Tür von Antonins Schlafzimmer. Keine Reaktion. Frustriert legte sie all ihre frisch gebügelten Sachen zurück in den Koffer.

Den Rest des Abends verbrachte sie mit Antonin im Salon. Mittlerweile hatte sie ihm in Gedanken eine Zwangsstörung attestiert. Sie amüsierte sich eher über diese Diagnose, hatte sie ja auch selbst jede Menge psychische Probleme. Leider litt sie nicht unter einer Essstörung. Antonin servierte ihr nur pappiges Brot mit fadem Käse und als Nachtisch in Zellophan verpackte, mit Schokolade gefüllte Croissants, die nach nichts schmeckten.

Sie fand jedoch bald eine Erklärung für dieses klägliche Nachtmahl. Antonin schien eben ein richtiger Wissenschaftler zu sein, den nichts anderes interessierte als seine Arbeit. Sie würde ihm schon beibringen, wie man sich vernünftig ernährte.

Nach dem Essen wünschte er ihr eine gute Nacht und ließ sie allein zu Bett gehen.

Melanie konnte nicht einschlafen, obwohl sie nach der langen Zugfahrt und dem fantastischen Sex todmüde war. Die ungewohnte Stille irritierte sie. Als sie auf einmal seltsame Geräusche vernahm, ein leises Scharren, Kratzen und Pfeifen, stand sie wieder auf, machte das Licht an. Sie konnte nicht erkennen, woher die Geräusche kamen, vom Dach oder von den Zimmern nebenan?

Sie sehnte sich nach einer Zigarette. Die letzte hatte sie um drei Uhr nachmittags am Bahnhof von Ljubljana geraucht. Das war acht Stunden her.

Sie warf ihre Daunenjacke über ihr neues sexy Nachthemd, das sie sich extra für ihn gekauft hatte, und tastete sich die dunkle Stiege hinunter in den ersten Stock, um am Balkon eine zu rauchen.

Im Salon brannte schwaches Licht.

Antonin lag auf der Ledercouch vor dem mittlerweile geheizten Kamin und las.

»Was ist los?«, fragte er mit hochgezogenen Brauen.

Sie setzte sich zu ihm.

»Halte mich bitte nicht für kindisch, aber ich habe Angst, höre andauernd eigenartige Geräusche.«

»Das sind nur die Siebenschläfer unterm Dach. Vor denen brauchst du dich nicht zu fürchten, mein Schatz«, sagte er lächelnd.

»Gibt es Ratten im Haus? Mir ekelt vor Ratten.«

»Vielleicht im Keller, sicher nicht bei dir oben im zweiten Stock.«

Er streichelte ihre Brüste, die sich deutlich unter dem seidenen champagnerfarbenen Nachthemd mit den Spaghettiträgern abmalten. Seine geschickten Finger brachten sie bald zum Stöhnen. Als sie nach seinem Schwanz griff, schüttelte er lachend den Kopf. »Genug für heute, geh wieder ins Bett.«

3.

Die Wetter-App auf ihrem Handy versprach für mittags Sonnenschein und achtzehn Grad. Nach dem Frühstück um acht Uhr, das aus Kaffee und Schokocroissants bestand, fragte sie Antonin, ob er mit ihr am berühmten Lungomare, dem Kaiser-Franz-Josef-Weg, der zwölf Kilometer entlang der Küste, von Volosko über Opatija bis Lovran führte, spazieren gehen würde.

»Später vielleicht. Ich arbeite momentan an einem Vortrag, den ich im Jänner an der Uniklinik in Rijeka halten werde.«

Sie erkundigte sich nach dem Weg zum Hotel Miramar. Ihre Chefin hatte ihr nach einem Kurzurlaub dort von diesem Wellnesshotel vorgeschwärmt.

»Ein Saunabesuch würde meinen Bronchien bestimmt gut tun«, sagte sie.

»Ekelt dir nicht vor all diesen fremden nackten Körpern?«

Melanie war leicht schockiert über seine Worte, verzichtete jedoch auf einen Saunabesuch.

Allein in ihrem Zimmer begann sie sich bald zu langweilen. Sie überlegte, sich ein Buch aus seiner Bibliothek zu borgen. In den Regalen hatte sie viele deutschsprachige Bücher gesehen. Ihre innere Unruhe war zu groß, sie würde keine Zeile behalten können. Sie beschloss, ohne Antonin zu stören, den Rest des Hauses zu inspizieren. Die beiden verschlossenen Zimmer hatten ihre Neugier geweckt.

Zuerst sah sie unter der Fußmatte vor der Tür seines Schlafzimmers nach. Prompt wurde sie fündig. Beinahe geräuschlos drehte sich der Schlüssel im Schloss.

Fast hätte sie laut aufgeschrien, als sie den Raum betrat und in die strengen, kalten Augen eines stattlichen Mannes blickte.

An der Wand gegenüber der Tür hing das lebensgroße Bildnis eines älteren Herrn. Seine Uniformjacke war mit zahlreichen Orden dekoriert. In seinem Gürtel steckte eine Pistole, in seiner Rechten hatte er einen Säbel, auf dem sich Spuren von Rot befanden, die wohl das Blut seiner Gegner darstellen sollten. Außer dem mindestens zwei Meter hohen Ölgemälde schmückten Dutzende Fotos von diesem furchterregenden Mann die Wände. Meistens war er darauf in Gesellschaft anderer hochdekorierter Männer zu sehen.

Erst jetzt bemerkte sie die schreckliche Unordnung in dem großen, mit Antiquitäten völlig überladenen Raum. Auf dem Bett stapelten sich Unmengen von Büchern, der altdeutsche Schreibtisch war übersät mit Kleinzeug: silbernen Zigarettenetuis, Zigarettenspitzen, Tabakdosen, Brieföffnern, seltsam geformten Messern, Dolchen, Medaillons, Orden und Anstecknadeln ... Als sie nach einem der Medaillons griff, um sich das Bild darin näher anzusehen, erschrak sie. Plötzlich hatte sie begriffen, dass hier alles seine Ordnung hatte, sowohl die Bücherstapel auf dem Bett als auch das Kramasuri auf dem Schreibtisch.

Da sie für das dritte Zimmer keinen Schlüssel fand, verzichtete sie darauf, es zu inspizieren, und schlich auf Zehenspitzen hinunter ins Erdgeschoß.

Die ehemaligen Dienstbotenräume waren nicht abgeschlossen. Der eine Raum war, ähnlich wie das Zimmer links vom Eingang, vollgeräumt mit altem Zeug. An den Wänden lehnten oder hingen Gewehre, Pistolen, Säbel, Degen und unzählige präparierte Jagdtrophäen, hauptsächlich Wildschweinköpfe sowie Geweihe von Rehböcken, Gämsen und Hirschen. Ein ausgestopfter Bär in einer Ecke ließ sie erschaudern. Die Luft war abgestanden, roch nach Putzmitteln und anderen Chemikalien. Rasch machte sie die Tür hinter sich zu.

Das andere Zimmer im Erdgeschoß war fast leer. Außer zwei Küchenkredenzen standen dort nur eine große Abwasch und ein desolater Herd, aus dem einige Kabel hervorquollen.

Das muss die Küche gewesen sein, dachte sie. Neugierig öffnete sie eine der Kredenzen.

Thunfisch- und Sardinenkonserven, einige Dosen mit geschälten Tomaten, alte verstaubte Marmeladengläser sowie jede Menge in Zellophan verpackte Croissants.

Hier bewahrt er also seine Lebensmittelvorräte auf, dachte sie, schnappte sich eine Fischkonserve und schlich mit ihrem Schatz hinauf in ihr Zimmer. Die Sardinen schmeckten ranzig. Danach wollte sie endlich eine rauchen. Anstatt auf den Balkon zu gehen, verließ sie das Haus, rauchte im Garten und dämpfte den Tschick in einem Pflanzentrog, in dem ein Oleander vor sich hin gammelte, aus.

Plötzlich stand Antonin hinter ihr.

»Du musst nicht heimlich rauchen. Ich hasse solch kindisches Getue! Ich weiß, wie schwer es ist, damit aufzuhören, habe selber jahrelang geraucht. Auch meine Eltern haben geraucht. Es erfordert einen ungeheuren Willen und große Disziplin, von diesem Laster loszukommen.«

»Es tut mir leid«, murmelte sie.

»Du musst dich nicht entschuldigen, putz dir lieber die Zähne, mein Schatz.«

Sie lief hinauf ins Bad, putzte sich brav die Zähne.

»Gehen wir heute Abend essen?«, fragte sie.

Er zögerte, meinte, die Preise in den Restaurants von Opatija wären unverschämt hoch. Sie könnten doch gemeinsam kochen, das wäre viel netter.

»Dann sollten wir etwas einkaufen. Du hast fast keine Lebensmittel im Haus.«

»Ich hasse Einkaufen.«

»Das kann ich erledigen. Ohne richtigen Herd werde ich aber nicht groß aufkochen können«, sagte sie.

»Eine Pasta lässt sich sehr wohl auf der Camping-Gasplatte zubereiten«, meinte er.

Nach Sonnenuntergang wird der Ortskern von Opatija in vollem Glanz erstrahlen, dachte Melanie, als sie allein in die Stadt hinunterging. Die Hauptstraße war mit Weihnachtsbeleuchtung geschmückt, auch alle Geschäfte und Lokale waren mit Lichterketten dekoriert. Melanie hoffte, Antonin wenigstens zu einem Abendspaziergang überreden zu können.

Im Konzum kaufte sie außer Klopapier eine Packung Spaghetti, eine Flasche Olivenöl, Balsamico-Essig und eingeschweißten Parmesan. In der kleinen Markthalle nebenan erstand sie, kurz bevor sie zusperrte, ein Häuptel Kochsalat, ein paar Zitronen, Avocados, zwei Granatäpfel, ein bisschen Basilikum und Petersilie. Denn außer Salz und Pfeffer hatte sie in der Villa keine Gewürze gesehen. Zuletzt kaufte sie am kleinen Fischmarkt im hinteren Teil der Halle eine Dorade.

Als sie nach ihrer Rückkehr all ihre Schätze auf dem großen Esstisch im Salon ausbreitete, musterte er sie mit missbilligenden Blicken.

»Wer soll das alles essen? Außerdem hast du dir eine alte Dorade andrehen lassen. Schau her!« Er deutete auf das tote Tier. »Einen frischen Fisch erkennt man an den Augen, sie müssen feucht und glasklar sein, die Pupillen prall und nach außen gewölbt. Diese Fischaugen sind trüb und eingefallen.«

»Das wusste ich nicht«, murmelte sie beschämt.

»Die Haut sollte weich und feucht sein, einen seidigen Glanz aufweisen«, fuhr er fort. »Und die Kiemen müssen leuchtend rot sein. Du hast auch bestimmt keine Fingerdruckprobe gemacht. Hier drück mal in der Mitte fest drauf.«

Obwohl sie sich ein bisschen lächerlich vorkam, presste sie ihre Finger auf den Bauch des Fisches.

»Siehst du die Delle, die zurückgeblieben ist? Das ist eindeutig ein Beweis, dass der Fisch nicht mehr genießbar ist. Du wolltest mich wohl vergiften?«, scherzte er.

»Mein Gott, das tu ... tut mir schreck...lich leid ...«, stammelte sie.

Lächelnd nahm er sie in die Arme und hielt ihr einen kurzen medizinischen Vortrag: »Mit einer Fischvergiftung ist nicht zu spaßen. Bauchschmerzen, Durchfall und Erbrechen sind noch die harmlosesten Folgen. Es kann sogar zu Muskelkrämpfen und Lähmungen kommen.«

Sie befreite sich aus seiner Umarmung, ging hinunter in die ehemalige Küche.

Als sie die Dosen mit den geschälten Tomaten näher in Augenschein nahm, stellte sie fest, dass sie seit fast zehn Jahren abgelaufen waren. Den Tränen nahe, teilte sie ihm mit, dass sie für heute Abend einen Tisch im Hotel Miramar bestellen möchte. »Ich würde dich gerne einladen, als kleines Dankeschön für alles«, sagte sie leise.

Antonin zog seine dichten dunklen Brauen hoch, ließ sich aber schließlich gnädig dazu herab, mit ihr abends in dieses elegante Hotel essen zu gehen.

Sie wagte es nicht, ihn zu bitten, die Nummer des Hotelrestaurants herauszusuchen, fand die Telefonnummer schließlich selbst im Internet. Sie hatte Glück, bekam einen Tisch.

Wesentlich besser gelaunt nahm sie eine Dusche. Obwohl nur lauwarmes Wasser ankam, wusch sie sich auch die Haare.

Antonin hatte behauptet, keinen Föhn zu besitzen. Mittlerweile glaubte sie ihm nicht mehr alles. Sie lief hinunter in das unbenützte Badezimmer, durchsuchte dort sämtliche Schränke und Kommoden. Schließlich wurde sie fündig. Sie föhnte sich gleich unten die Haare. Der Föhn funktionierte nicht lange, sondern verursachte einen Kurzschluss.

Als das Licht nach einer Weile wieder anging, kam Antonin wütend in das große Badezimmer gestürzt und riss ihr den Föhn aus der Hand.

»Ich habe dir gesagt, dass du die elektrischen Leitungen nicht unnötig strapazieren sollst. Zum Glück hatte ich eine Sicherung im Haus. Außerdem wird dieses Bad nicht benützt!«

Als er die Badezimmertür hinter sich zuschlug, brach sie in Tränen aus.

Sie räumte das saubere Geschirr auf dem Klodeckel weg, setzte sich auf die angeblich noch nie benützte Toilette, machte hinein. Eine kindische Trotzreaktion, das war ihr bewusst. Danach fühlte sie sich besser.

Als sie eine Stunde später in den Salon kam und sich für ihre Unachtsamkeit mit dem Föhn entschuldigte, murmelte er etwas, das nach einer Entschuldigung klang, zog sie an sich, griff ihr unter den engen schwarzen Rock, den sie extra für den heutigen Abend gewählt hatte, riss ihr Strumpfhose und Slip vom Leib und nahm sie am Esstisch von hinten. Er tat ihr weh.

Nachdem er gekommen war, ließ er sie halbnackt auf dem Tisch liegen und verschwand.

Zuerst versuchte sie, seine Grobheit damit zu entschuldigen, dass er eben nach wie vor böse auf sie war. Plötzlich wurde jedoch auch sie wütend. Sie hatte die Nase voll von ihm und seinen Launen, ging in ihr Zimmer, zog die zerrissene Strumpfhose aus. Während sie überlegte, sich noch heute Abend ein Zimmer im Hotel Miramar zu nehmen, kam er, ohne anzuklopfen, herein. Mit schuldbewusstem Blick näherte er sich ihr, streckte seine Arme nach ihr aus. »Verzeih mir bitte. Ich weiß nicht, was in mich gefahren ist. Du machst mich verrückt. Ich ... ich lie...be dich ...«, stammelte er schluchzend.

Es dauerte eine Weile, bis es ihr gelungen war, ihn zu trösten.

Obwohl sie mit seinem Alfa hinunter ins Hotel Miramar fuhren, kamen sie viel zu spät. Zum Glück hatte man ihnen den bestellten Tisch im großen Wintergarten freigehalten.

Ihr freundlicher Ober war etwa in Antonins Alter. Die beiden Männer schienen sich zu kennen. Antonin war dieses Zusammentreffen sichtlich unangenehm.

Der Ober benahm sich sehr formell, sprach Antonin mit »Herr Doktor« an, als er ihm den Wein empfahl. Bedient wurden sie den Rest des Abends allerdings von einer Kellnerin.

Melanie fragte Antonin, ob er den Ober näher kenne.

»Wir sind zusammen in die Volksschule gegangen. – Warum fragst du? Interessierst du dich etwa für das Personal hier?«

»Nein, nein, ... verzeih, ich hab ... nur gedacht ...«

»Beruhige dich, mein Liebling. Ich habe es nicht ernst gemeint.« Er tätschelte ihre Hand, lächelte sie verführerisch an und streichelte ihre Knie.

Das Dinner verlief ohne weiteren unerfreulichen Zwischenfall. Melanie bewunderte die geschmackvolle Weihnachtsdekoration im Speisesaal und musterte die zufriedenen Gesichter der anderen Gäste. Die Leute schienen sich in dem hellerleuchteten Hotel direkt am Meer sehr wohl zu fühlen. Ihre gute Laune wirkte ansteckend. Melanie vergaß bald auf den blöden Streit und den brutalen Sex, begann sich wieder auf den Heiligen Abend und die Weihnachtsfeiertage mit Antonin zu freuen.

Das Fischbuffet war exzeptionell. Noch nie hatte sie so viele verschiedenartig zubereitete Fische und Meeresfrüchte gesehen: Jakobsmuscheln, Thunfisch- und Lachscarpaccio, Muscheln in wunderbar würziger Sauce, gebackene Tintenfischringe, Oktopussalat, Scampi in köstlicher selbstgemachter Cocktailsauce, gegrillte Garnelen und andere Meerestiere ...

Antonin langte beim Vorspeisenbuffet ebenfalls kräftig zu, bediente sich gleich zweimal bei den köstlichen überbackenen Jakobsmuscheln. Er hatte eine Flasche kroatischen Weißwein bestellt. Während des Essens benahm er sich sehr charmant und aufmerksam, holte ihr sogar Salat vom Buffet.

Als sein Hauptgang, ein wunderbar zartes Rinderfilet mit Gemüsebouquet und Kartoffelgratin serviert wurde, schien er jedoch mit den Gedanken woanders zu sein. Als Melanie ihre Perlhuhnbrust mit Kräuterkruste, Scharlottensauce, Maisblinis und Gemüsetörtchen lobte, erschrak er beinahe.

Die freundliche Kellnerin brachte ihnen noch einmal die Karte. Antonin bestellte einen lauwarmen Mohn-Kirsch-Kuchen mit Zimtstreusel, Kirschragout, Lavendelsahne und Haselnusseis. Melanie nahm Tiramisu mit Kahluacrème und eingemachten Waldbeeren. Sie schaffte nur die Hälfte ihrer köstlichen Nachspeise. Antonin verschlang den Rest.

Aus der Habsburg-Bar im Untergeschoß erklang Tanzmusik herauf in den Speisesaal.

Sie hätte gerne mit Antonin getanzt. Die Band spielte Walzer, Tango und Foxtrott. Eine schwarze Sängerin gab amerikanische Weihnachtssongs zum Besten: »I'll be home for Christmas, Have yourself a merry little Christmas, Let it snow...« Melanie hatte einen kleinen Schwips, begann mitzusingen.

Antonin drängte zum Aufbruch. Er sei zwar ein guter Tänzer, fühle sich aber unter all diesen Touristen hier nicht wohl, außerdem hasse er amerikanische Schlager, sagte er.

»Das sind Weihnachtslieder«, protestierte sie, verlangte jedoch sogleich die Rechnung.

Schnellen Schrittes eilte er durch den festlich geschmückten mediterranen Hotelgarten hinauf zur Straße, wo er den Wagen stehengelassen hatte. Sie lief keuchend hinter ihm her. Vor einer beleuchteten Weihnachtskrippe blieb sie stehen. »Sind diese geschnitzten Holzfiguren nicht wunderschön? Schau nur, diese zarten Gesichter ...«

»Dieser ganze Weihnachtskitsch kann mir gestohlen bleiben«, unterbrach er ihre Schwärmerei.

»Ein bisschen Kitsch macht glücklich«, kicherte sie und startete einen zweiten Versuch, Antonin für die blühenden Kamelien zu begeistern. Er würdigte weder die Kamelien noch den angestrahlten modernen Kamelienbrunnen eines Blickes.

In dieser Nacht schlief er nicht mit ihr. Sagte, er fühle sich nicht wohl, sei nicht mehr daran gewöhnt, abends so viel zu essen, könne sicher nicht einschlafen.

Sofort bekam sie Schuldgefühle, weil sie ihn zu diesem wunderbaren Abendessen überredet hatte, tröstete sich aber rasch mit der Lektüre eines Buches über Abbazia, das sie in der Bibliothek entdeckt hatte.

Abbazia, wie Opatija um 1900 hieß, war einer der wichtigsten Kurorte der k. u. k. Monarchie gewesen. Nicht nur die zum Hotel Miramar gehörige Villa Neptun, in der sie gespeist hatten, auch viele andere Hotels und Villen hatten den österreich-ungarischen Adel und reiche Großbürger aus Wien, ja sogar viele europäische Majestäten damals vor allem in den Wintermonaten beherbergt. Berühmte Wiener Ärzte, wie zum Beispiel Theodor Billroth, schickten ihre hochherrschaftlichen Patienten hierher an die Adria und behandelten sie meist erfolgreich vor Ort.

Den Rest der Nacht schlief sie, trotz ihrer Schuldgefühle und ihres vollen Magens, tief und fest.

4.

Antonin hatte ihr für den vierundzwanzigsten Dezember einen Ausflug entlang der Küste nach Lovran und Mošćenička Draga versprochen.

Sie hatte verschlafen, endlich einmal sechs Stunden lang durchgeschlafen, vielleicht dank des exzellenten kroatischen Weins gestern Abend? Als sie um neun Uhr zum Frühstück im Salon erschien, hatte er den Tisch bereits abgeräumt.

»Aus unserem Ausflug wird leider nichts. Mein Wagen ist heute Nacht gestohlen worden.«

»Wie bitte? Das darf doch nicht wahr sein! Hast du die Polizei verständigt?«

»Natürlich. Sie werden mich zurückrufen, falls sie ihn finden.«

Er schien sich nicht allzu viel aus dem Verlust seines tollen Wagens zu machen, versuchte vielmehr, sie zu beruhigen. Vielleicht würden sie ja den Autodieb vor der Grenze zu einem der Nachbarländer erwischen. Auf jeden Fall wolle er zu Hause bleiben und auf den Anruf der Polizei warten, sagte er.

Der schnittige Alfa stand tatsächlich nicht mehr auf der schmalen Straße vor dem heruntergekommenen Haus schräg gegenüber, als sich Melanie schließlich allein auf den Weg ins Zentrum machte.

Die Kamelienbüsche in den Gärten der zum Teil unbewohnten Villen standen in voller Blüte. Sie knipste eine über dem Zaun hängende Blüte ab, steckte sie in das obere Knopfloch ihrer Daunenjacke. Beschwingt schlenderte sie weiter durch das Villenviertel, vorbei an renovierten Hotels und schönen kleinen Geschäften hinunter zum Meer.

Der Lido von Opatija hatte sich in ein Wintermärchen mit Eislaufbahn und Weihnachtsmarkt verwandelt. Eine Weile schaute Melanie den Eisläufern zu. Als ihr kalt wurde, ging sie ins Café Wagner, setzte sich an einen Tisch auf der Terrasse unter den Arkaden, wickelte sich in eine Wolldecke, genoss den Blick aufs Meer, ihren Cappuchino und eine riesige Cremeschnitte.

Auf einmal fühlte sie sich unwohl, bildete sich ein, dass jemand sie beobachtete. Verstohlen drehte sie sich mehrmals um, konnte aber niemanden entdecken. Ihre innere Unruhe wurde schlimmer. Sie brauchte dringend eine Zigarette. Wegen Antonin hatte sie seit ihrer Ankunft in Opatija ja kaum geraucht. Blöderweise hatte sie ihr Päckchen in der Villa vergessen.

Wieder hatte sie das Gefühl, angestarrt zu werden. War ihr Antonin womöglich gefolgt? Obwohl es hieß, Verliebte seien blind, war sie nicht völlig blind, was seine Neurosen betraf. Er litt eindeutig unter einem schlimmen Kontrollzwang.

Ihr Blick fiel auf einen Kiosk am zubetonierten Strand. Vor dem Kiosk stand der sympathische Ober aus dem Hotel Miramar. Er rauchte, sah nicht zu ihr her.

Sie schnappte ihre Handtasche, ging hinüber zum Kiosk und begrüßte ihn mit einem freundlichen Lächeln.

Er lächelte zurück.

Sie fragte ihn, welche kroatischen Zigaretten halbwegs nikotinarm seien.

»Probieren Sie die mal«, sagte er und bot ihr eine von seinen an.

»Danke!«

Er gab ihr Feuer. »Mein Name ist Luca«, sagte er.

»Sie sind mit Antonin in die Schule gegangen?«, fragte Melanie in der Hoffnung, mehr über die Kindheit ihres Geliebten zu erfahren.

»Nur in die Volksschule. Nach dem Tod seiner Mutter hat ihn sein Vater in ein Internat gegeben.«

Melanie bemühte sich, ihre Verwunderung zu verbergen.

»Ich wusste nicht, dass sie schon so früh gestorben ist. War sie krank?«

Luca antwortete nicht sogleich. »Das sollten Sie vielleicht besser Antonin fragen.«

»Ja, natürlich, aber Sie haben mich neugierig gemacht.«

»Wie gefällt ihnen Opatija? Sind Sie zum ersten Mal hier?«, wechselte er das Thema.

»Entschuldigen Sie bitte, ich muss zurück ins Café, sonst denken die womöglich, ich will die Zeche prellen. Wir sehen uns bestimmt bald wieder. Das Fischbuffet gestern Abend war übrigens sensationell!«

Sie kaufte ein Päckchen Zigaretten und kehrte im Laufschritt zurück an ihren Tisch auf der Terrasse, wickelte sich in die Wolldecke, zog genüsslich an ihrer Zigarette und sah dem Rauch nach, der sich unter den Arkaden nicht so rasch verflüchtigte. Die roten und weißen Kameliensträucher rund um die Terrasse boten einen fantastischen Kontrast zum Wasser, das von einem wunderbaren Hellblau war, fast von demselben Blau wie der Himmel. Geschützt durch die gegenüberliegenden Inseln Krk und Cres, glich das Meer eher einem riesigen See.

Einen Heiligen Abend unter Kamelienbüschen und blauem Himmel hatte Antonin ihr in seinem Mail versprochen.

Er hatte sein Versprechen gehalten. Nur leider war er jetzt nicht an ihrer Seite.

Auf dem Heimweg kam sie wieder am Konzum vorbei. Sie kaufte eine Flasche Sekt für den Abend und Minzbonbons, die frischen Atem versprachen.

An der Kasse stand eine alte Frau vor ihr in der Schlange. Mit ihrem Buckel und ihrem ungepflegten krausen grauen Haar sah sie wie eine Hexe aus.

Die Frau kam ihr bekannt vor. Wohnte sie nicht in dem baufälligen Haus schräg gegenüber von Antonins Villa?

Die Alte deutete ihr, vorzugehen.

Melanie dankte ihr. Vor dem Geschäft rauchte sie noch rasch eine Zigarette. Als die alte Frau, bepackt mit zwei großen Taschen, herauskam, sprach Melanie sie an.

»Ich glaube, wir sind Nachbarinnen. Soll ich Ihnen tragen helfen?« Da sie nicht wusste, ob die alte Frau Deutsch verstand, griff sie einfach nach den beiden Einkaufstaschen.

»Hvala«, sagte die Alte. »Danke!«, wiederholte sie grinsend auf Deutsch.

Ihr fehlten zwei Vorderzähne, ihre Gesichtshaut war voller Altersflecken, außerdem schielte sie ein wenig. Sie hat tatsächlich Ähnlichkeit mit einer Hexe, dachte Melanie und verkniff sich ein mitleidiges Lächeln.

»Ich heiße Christina.«

»Ich bin Melanie.«

Schweigend gingen sie nebeneinander die schmale steile Straße hinauf. Die alte Frau mit dem gekrümmten Rücken war gut zu Fuß. Melanie kam bald ins Schnaufen, setzte die schweren Taschen kurz ab.

Christina blieb ebenfalls stehen und blickte sie besorgt an.
»Bist du krank?«, fragte sie.

Melanie schüttelte den Kopf. »Nein, nein, ich rauche nur zu viel.«

»Du musst aufpassen«, sagte Christina. »Villa Ostara ist nicht gut für Frauen! Sie sterben jung.«

»Wie bitte?«

Die Alte sprach ganz passabel Deutsch, hatte allerdings einen starken Akzent.

»Ostara war eine schöne, aber sehr arme Frau.«

»Sie sprechen von Antonins Mutter?«

Christina nickte, griff sich mit Daumen und Zeigefinger an den Hals, verdrehte dabei die Augen zum Himmel und seufzte.

»Mein Gott, ist sie erwürgt worden?«

Die Alte nickte, sagte jedoch: »Aufgehängt.«

»Wie bitte?«, schrie Melanie. »Seine Mutter hat sich erhängt?«

Die alte Frau schielte sie traurig an. »Gute Frau«, murmelte sie. »Der General war ein böser Mann.«

Melanie war dermaßen schockiert, dass sie keine weiteren Fragen mehr stellte, die Einkaufstaschen hochhob und einfach weiterging.

Christina schlurfte schweigend neben ihr her.

Plötzlich kam Melanie doch noch eine Frage in den Sinn.

»Dr. Vukovics Auto ist in der Nacht gestohlen worden. Haben Sie zufällig etwas gesehen? Das Cabrio stand direkt vor Ihrem Haus.«

»Nicht gestohlen. Er heute bald in der Früh zurückgebracht.«

Melanie starrte sie mit offenem Mund an.

»Der Doktor hat kein Auto. War Auto von Autoverleih, unten beim Grand Hotel Palace«, bekräftigte die Alte.

Am liebsten hätte Melanie hysterisch losgelacht. Sie beherrschte sich jedoch, überlegte, was sie nun machen sollte. Antonin mit seinen Lügen konfrontieren oder einfach weiter so tun, als glaubte sie alles, was er sagte?

Beim verrosteten Gartentor gegenüber der Villa Ostara gab sie der Nachbarin ihre Einkaufstaschen zurück und verabschiedete sich rasch mit einem »Frohe Weihnachten!«.

❄

Antonin wartete im Salon auf sie. Er schien übler Laune zu sein. »Wo warst du so lange?«, fragte er, anstatt sie zu begrüßen.

»Spazieren am Meer.« Sie war nicht gewillt, sich erneut von ihm einschüchtern zu lassen.

»Ich habe gesehen, wie du mit der alten Christina den Berg heraufgekommen bist. Worüber hast du mit dieser Verrückten geredet? Sie war monatelang in der Psychiatrischen Klinik auf der Insel Rab. Halte dich lieber fern von ihr. Sie ist gefährlich. Paranoide Schizophrenie. Ich nehme an, du weißt, was das bedeutet.«

Seine Arroganz machte sie wütend. Sie hatte am Steinhof täglich mit paranoiden Schizos zu tun. Bei der alten Nachbarin hatte sie keinerlei Symptome dieser Erkrankung festgestellt. Entweder war sie medikamentös hervorragend eingestellt oder Antonin tischte ihr schon wieder eine Lügengeschichte auf.

»Wir haben über den schrecklichen Selbstmord in deiner Familie geredet«, sagte sie und blickte ihn herausfordernd an.

Sein Gesicht wurde eine Spur bleicher, als es ohnehin war.

»Es war ein Unfall ..., sie hat zu viele Psychopharmaka geschluckt«, stammelte er schließlich.

»Wie bitte?« Hatte Christina nicht behauptet, dass sich seine Mutter erhängt hatte?

»Saskia litt unter einer bipolaren Störung, hat Lithium genommen, wenn nötig auch Antidepressiva. Ich habe sie selbst behandelt, aber sie hat oft eigenmächtig ihre Medikation geändert. Ich konnte nicht Tag und Nacht auf sie aufpassen. Als ich eines Tages von der Klinik nach Hause kam, lag sie mit aufgeschnittenen Pulsadern unten im Badezimmer in der Wanne. Sie lebte noch, als ich sie fand ...«

Er hielt sich die Hände vors Gesicht, stöhnte leise.

Melanie verstand nun, warum er das geräumige Bad nicht mehr benutzte. Seine Frau war ihm also nicht davongelaufen, sondern hatte sich umgebracht, so wie einst seine Mutter. Antonin tat ihr schrecklich leid.

Im großen Salon war es kalt und ungemütlich. Er hatte nicht einmal den offenen Kamin geheizt, so wie in den letzten Tagen. Kein Christbaum, keine brennenden Kerzen oder sonst irgendein weihnachtliches Dekor. Musik gab es sowieso keine in diesem Haus ohne Radio und ohne Fernsehapparat. Die einzigen Geräusche stammten von Antonin, der sich hin und wieder schnäuzte. Seine Augen waren feucht, sein schöner Mund zitterte leicht, als er in vorwurfsvollem

Ton sagte: »Anscheinend hast du mich mit deiner Erkältung angesteckt.«

Seit wann ist eine Bronchitis ansteckend, hätte sie den Herrn Doktor am liebsten gefragt, ihr Mitleid war stärker. Sie wagte es nicht, jetzt auch noch den Selbstmord seiner Mutter anzusprechen, umarmte ihn, drückte ihn fest an sich.

»Lass mich«, schluchzte er und lief aus dem Zimmer.

Sie brachte den Sekt hinunter in die ehemalige Küche, legte dann ein paar Holzscheiter in den Kamin im Salon und machte Feuer, obwohl ihr klar war, dass sie den Heiligen Abend vergessen konnte.

Da Antonin nicht zurückkam, ging sie auf ihr Zimmer, legte sich angezogen auf das Bett seiner Mutter. Oder hatte erst seine Ex-Frau dieses Bett angeschafft? Die Matratze schien ziemlich neu zu sein? Zwei schreckliche Selbstmorde in einer Familie. Die Frauen in der Villa Ostara starben jung, erinnerte sie sich an Christinas Worte.

Seine Frau Saskia hatte ihn verlassen, war mit ihrem Liebhaber in die USA gegangen – das hatte Antonin ihr in einem Mail geschrieben. Womöglich hatte er sie nicht gehen lassen wollen? Melanie wagte den nächsten Gedanken nicht zu Ende zu denken. Saskia hatte sich die Pulsadern aufgeschnitten, hatte er behauptet. Wer weiß, ob er die Wahrheit gesagt hatte? Er schien ein notorischer Lügner zu sein. Nannte man diesen Drang zum krampfhaften Lügen und Übertreiben nicht Pseudologia phantastica? Sie versuchte, sich alles in Erinnerung zu rufen, was sie über diese Krankheit einst gelernt hatte. Neigung zur dramatischen Selbstdarstellung, gesteigertes Geltungsbedürfnis, bemüht,

immer im Mittelpunkt zu stehen, massive Unsicherheit ...
Während sie die Symptome des sogenannten Münchhausen-Syndroms repetierte wie bei einer Prüfung, vernahm sie wieder merkwürdige Geräusche. Dieses Mal klang es weniger nach einem Scharren und Kratzen. Sie bildete sich ein, Schritte zu hören, die eindeutig von einem der Räume nebenan kamen.

Sie lauschte. In dem verschlossenen Zimmer seiner Ex-Frau war jemand.

Genug gefürchtet, dachte sie. Vorsichtig öffnete sie die Tür.

Im ganzen Haus war es mucksmäuschenstill. Weit und breit war keine Menschenseele zu sehen. Plötzlich wieder Schritte. Jemand schlich die Treppe hinunter. Das konnte nur Antonin sein. Sie wollte nach ihm rufen, ihn fragen, ob er zu ihr gewollt hatte, dann kam ihr eine bessere Idee. Sie hielt den Atem an, wartete eine Weile.

Einer ihrer schwierigen Patienten hatte ihr einmal gezeigt, wie man mit einer Kreditkarte ein einfaches Schloss aufbekam. Es dauerte keine Minute und die Tür des dritten Zimmers sprang auf.

Der Gestank nach Mottenkugeln, der ihr entgegenschlug, raubte ihr beinahe den Atem. Alle Fensterläden waren geschlossen, in dem Zimmer war es stockfinster.

Sie machte Licht an. Vor Schreck zuckte sie zusammen. Mindestens zwanzig tote Augenpaare starrten ihr entgegen. Die meisten Kleiderpuppen hatten kahle Häupter. Einige der abgetrennten Köpfe zierten jedoch Langhaar- und Kurzhaarperücken in den verschiedensten Farben. Der

Rest dieses riesigen Schrankraums war vollgestopft mit edlen Gewändern aus Samt und Seide. Ihr wurde beinahe schwindlig beim Anblick all der Kleider, Hosen, Röcke, Blusen, Pullover, Jacken, Mäntel, den Hüten und Bergen von Schuhen.

War Antonin komplett verrückt? Warum hob er die Klamotten seiner Ex-Frau bis heute auf? Und was hatte er gerade in diesem unheimlichen Zimmer gemacht? Die weichen Stoffe sehnsüchtig an seine Wangen geschmiegt, mit den Händen in ihrer Unterwäsche gewühlt oder sich gar an ihren High Heels aufgegeilt? Mittlerweile traute sie ihm jede Perversion zu.

Schwer beunruhigt ging sie hinunter in den Salon. Ihr Entschluss, so bald wie möglich abzureisen, stand fest.

Antonin lag auf der Ledercouch vor dem Kamin, sah nicht einmal von seiner Lektüre auf, als sie sich der Couch näherte.

»Ich werde morgen mit dem Mittagszug zurück nach Wien fahren«, sagte sie.

Er sprang auf, sah sie entgeistert an. »Was ist? Fühlst du dich nicht wohl bei mir? Lass uns miteinander reden, Liebes.«

Sie streichelte sein schönes Gesicht. »Ich liebe dich, aber ich habe das Gefühl, wir passen nicht zueinander. Außerdem fürchte ich mich in diesem Hause, in dem so schreckliche Dinge passiert sind.«

»Wovon sprichst du?«

»Vom Selbstmord deiner Frau. Inzwischen weiß ich auch, dass sich deine Mutter hier umgebracht hat …« Sein entsetzter Blick ließ sie verstummen.

»Wir beide leben jetzt, im Hier und Heute, wir lieben uns, vergiss die Vergangenheit«, sagte er nach einer Weile und küsste sie leidenschaftlich.

Ein heftiger Hustenanfall Melanies beendete diesen langen Kuss. Ihre Bronchitis war schlimmer geworden. Kein Wunder bei der Kälte und Feuchtigkeit in diesem alten Gemäuer.

»Ich bitte dich, bleib bei mir. Ab sofort werde ich meine Arbeit liegenlassen, mich nur mehr um dich kümmern. Du wirst sehen, mein Liebling, wir werden wundervolle Weihnachten miteinander verbringen.«

Er redete auf sie ein, machte ihr die schönsten Komplimente und verführerischsten Versprechen, deutete sogar an, sie heiraten zu wollen, sprach von einem gemeinsamen Kind. Melanie konnte keinen klaren Gedanken mehr fassen.

Als er sie zu liebkosen begann, wurde sie endgültig wieder schwach. Sie ließ sich von ihm verwöhnen, traf aber keinerlei Anstalten ihn ebenfalls zu befriedigen.

Nachdem sie gekommen war, verließ zur Abwechslung einmal sie ihn.

In ihrem Zimmer war es saukalt. Sie drehte den Elektrostrahler auf die höchste Stufe. Sollte es ruhig einen zweiten Kurzschluss geben, momentan war ihr das völlig egal. Ihr Entschluss, morgen zurück nach Wien zu fahren, war jedoch leicht ins Wanken geraten. Vielleicht hatte Antonin ja recht und sie musste aufhören, andauernd an die beiden toten Frauen zu denken. Sie legte sich ins Bett und schlief bald ein.

Lautes Klopfen weckte sie zwei Stunden später.

Antonin stand auf der Türschwelle.

»Magst du nicht runterkommen? Es ist schon achtzehn Uhr vorbei. Wenn ich mich richtig erinnere, ist heute Heiliger Abend«, versuchte er zu scherzen.

»Gib mir bitte ein paar Minuten. Ich komme gleich.«

Der große Esstisch im Salon war gedeckt mit zwei Desserttellern und zwei bereits eingeschenkten Sektgläsern. In der Mitte des Tisches stand ein kroatischer Weihnachtskuchen.

»Überraschung«, sagte er und fütterte sie sogleich mit einem Stück Kuchen.

»Selbst gebacken?«, fragte sie, obwohl sie wusste, dass er keinen Herd, geschweige denn ein Backrohr hatte.

»Das würde ich niemals wagen. Meine Mutter hat den besten Weihnachtskuchen der Welt gemacht, leider hat sie mir das Rezept nie verraten. Diesen habe ich heute früh, als du noch geschlafen hast, in der Stadt besorgt.«

Als du das Cabriolet zurückgebracht hast, dachte sie. Trotzdem war sie beinahe gerührt und fand sogleich eine Entschuldigung für seine Lügerei, was den Wagen betraf. Er hatte ihr halt imponieren wollen. Männer waren manchmal so kindisch, glaubten tatsächlich, ein schnelles, teures Auto würde jede Frau beeindrucken.

Da sie seit der exorbitanten Cremeschnitte im Café Wagner nichts mehr gegessen hatte, langte sie bei dem Weihnachtskuchen kräftig zu. Er schmeckte nach Lebkuchen und ein bisschen nach Mandeln.

»Frohe Weihnachten!« Sie griff nach ihrem Sektglas, stieß mit ihm an.

Er sah ihr tief in die Augen. Als er seine schönen feingliedrigen Hände über ihr Gesicht und ihren Hals wandern ließ und ihren Nacken zu liebkosen begann, vergaß sie wieder einmal auf alles, was bisher passiert war.

Nachdem sie sich auf der Chaiselongue geliebt hatten, wurde ihr übel. Sie musste sich übergeben. Dabei hatte sie nur ein Gläschen Sekt getrunken.

Antonin brachte sie zu Bett, gab ihr ein Medikament gegen Magenbeschwerden und ein Glas Wasser. Dann ließ er sie allein.

Sie spülte die Pille nicht mit dem Wasser hinunter, behielt sie unter der Zunge, wartete bis er das Zimmer verlassen hatte und spuckte sie in den kleinen Nachttopf, der unter dem Bett stand. Sie nahm so gut wie nie Medikamente.

In ihrem Kopf drehte sich alles. Völlig wirre Gedanken nahmen von ihr Besitz.

Plötzlich sah sie den kleinen Antonin versteckt hinter der großen, halb offen stehenden Flügeltür stehen und dabei zusehen wie sein Vater, der furchteinflößend aussehende General, seine Frau am Kronleuchter des Salons erhängte … Der restliche Weihnachtskuchen landete als hässlicher brauner Brei ebenfalls im Nachttopf. Zuletzt kam nur mehr gelblicher Schleim aus ihrem Mund. Im Dunkeln tastete sie sich mit dem Töpfchen in der Hand über den Gang, bemüht, keinen Lärm zu machen. Prompt stolperte sie über die Holzstatue des heiligen Jakob neben der Toilettentür. Sekunden später ging das Licht am Gang an. Kurz darauf stand Antonin hinter ihr in der Toilette. Sie schaffte es gerade noch, die Spülung zu betätigen.

Er legte den Arm um ihre Schultern und brachte sie zurück in ihr Schlafzimmer. Leise redete er ihr zu, sich wieder hinzulegen. Als er sie zudeckte, sah sie ihm in die Augen.

Sein Blick war kalt, er wirkte verärgert. Auf einmal hatte sie wirklich Angst vor ihm.

5.

Am ersten Weihnachtsfeiertag kam Antonin frühmorgens in ihr Zimmer.

»Geht es dir besser, mein armer Schatz?«

»Danke, viel besser. Ich muss gestern irgendetwas Falsches erwischt haben.«

»Vielleicht war die Cremeschnitte im Café Wagner, von der du so geschwärmt hast, verdorben?«, meinte er.

Wegen ihrer gestrigen Unpässlichkeit empfahl er ihr, zum Frühstück lieber Tee als Kaffee zu trinken und nur altes Brot mit ein bisschen Marmelade zu essen. Obwohl sie einen Riesenhunger hatte, hielt sie sich an seinen Rat.

Nach dem Frühstück überreichte er ihr sein Geschenk, einen Seidenschal in Pastellfarben. Sie bedankte sich artig. Er beachtete die sündhaft teure Mont-Blanc-Füllfeder, die sie ihm schenkte, kaum.

Als er Anstalten traf, sie wieder auf dem Esstisch zu nehmen, sah sie plötzlich eine Frau in einem dunkelblauen Abendkleid von dem prächtigen Luster baumeln. Die weit aufgerissenen Augen der schönen Frau starrten ins grelle Licht, ihre Gliedmaßen zitterten ein wenig, ihr Mund war leicht geöffnet.

Ich halluziniere, dachte Melanie, stieß Antonin weg und rannte aufs Klo, um sich erneut zu übergeben.

»Ich glaube, ein bisschen frische Luft würde mir guttun«, sagte sie, als sie in den Salon zurückkehrte. »Lass uns einen kleinen Spaziergang am Lungomare machen.«

Sein Gesicht verdüsterte sich. Eben noch liebevoll besorgt, wirkte er plötzlich verstimmt.

»Du scheinst unter einer massiven inneren Unruhe zu leiden. Agitierte Depression nennen wir Psychiater das. Eigentlich solltest du dir das als Psychologin selber diagnostizieren können. Dein Bewegungsdrang ist mehr als auffällig. Du scheinst eine Getriebene zu sein. Wovor läufst du bloß davon? Anscheinend leidest du unter irrationalen Ängsten und unter Schlaflosigkeit, bist zumindest in den vergangenen Nächten andauernd im Haus herumgeschlichen. Hast du nicht schon einmal daran gedacht, Medikamente zu nehmen? Ich würde dir zumindest Xanor empfehlen oder vielleicht ein Antidepressivum.«

So wie deiner Frau, hätte Melanie am liebsten gesagt. Schreckliche Bilder tauchten vor ihrem inneren Auge auf: Antonin, wie er Saskia mit einer Überdosis zum Schweigen brachte, sie in die Badewanne legte, ihr die Pulsadern aufschnitt ...

Sie sprang auf, schlang den Schal um ihren Hals, griff nach ihrer Daunenjacke und schlug die Haustür hinter sich zu.

Sie sollte den Zug um elf Uhr fünfundfünfzig nach Ljubljana nehmen und dort in den Schnellzug nach Wien umsteigen, so wie sie es ihm gestern angedroht hatte. Aber sie fühlte sich momentan zu schwach. Allein der Gedanke, sich selbst und ihren schweren Koffer den Berg hinauf zum Bahnhof Matulije zu schleppen, erschien ihr völlig absurd. Sich ein Taxi zu bestellen, kam ihr nicht in den Sinn. In ihrem Kopf drehte sich alles. Ihr war schwindlig, als sie den Hang hinunter Richtung Hotel Miramar torkelte.

Auf halbem Weg begegnete sie der alten Christina. Sie kam von der Weihnachtsmesse in der Kapelle Sveti Jakov unten am Meer.

Christina fragte, ob es ihr nicht gutgehe, und schielte dabei auf Melanies pastellfarbenen Schal.

Melanie gestand, dass sie sich hundeelend fühlte.

Die Alte nahm sie am Arm und brachte sie in ihr Haus.

In Christinas überheiztem kleinem Wohnzimmer stank es nach Katzenpisse. Die Polstermöbel waren voller Katzenhaare, doch keines der Tiere ließ sich blicken. Melanie drehte sich erneut der Magen um.

»Leg dich aufs Sofa!« Christina sah sie lange und forschend an. Da sie schielte, wirkten ihre Blicke beinahe bedrohlich. »Ich bringe dir gleich etwas, das dir helfen wird.«

Melanie war völlig durcheinander, wusste nicht, vor wem sie sich momentan mehr fürchtete, vor dieser alten schizophrenen Hexe mit dem irren Blick oder vor dem verrückten Psychiater im Haus gegenüber.

Christina kam mit einem kleinen braunen Fläschchen und einem Eimer zurück. »Brechwurzelsirup. Trink das.«

Melanie wehrte Christinas Versuche, ihr den Sirup einzuflößen, mit beiden Händen ab.

Die Alte war kräftiger, als sie aussah, zwang sie schließlich, das scheußlich schmeckende Zeug hinunterzuschlucken.

Kurz darauf musste sich Melanie heftig übergeben. Christina half ihr dabei, in den Eimer zu treffen. »Gut so, alles muss raus«, murmelte sie.

»Zuerst habe ich gedacht, Antonin ist nur ein harmloser Zwangsneurotiker, aber er leidet unter einer narzisstischen Persönlichkeitsstörung, vielleicht ist er sogar ein Soziopath ...«, stammelte Melanie, nachdem sie sich von der Brechorgie ein bisschen erholt hatte.

Christina zuckte mit den Schultern, schien nicht alles verstanden zu haben.

»Er genauso schlimm wie sein Vater. – Du musst zurück nach Österreich«, sagte sie.

»Nicht bevor ich weiß, was in der Villa Ostara wirklich passiert ist. Hat Antonin seine Frau ermordet, als sie sich von ihm trennen wollte?«

Christina zuckte mit den Schultern. Ein paar Minuten später hielt sie ihr ein Foto vor die Nase. »Du siehst seiner Frau sehr ähnlich.«

Die große, schlanke Blondine, die neben Christina auf dem Bild zu sehen war, besaß tatsächlich eine gewisse Ähnlichkeit mit Melanie. Außerdem trug sie einen pastellfarbenen Seidenschal um ihren Hals. Antonins Weihnachtsgeschenk!

Wenigstens wusste sie jetzt, warum er gestern im Ankleidezimmer seiner Ex-Frau gewesen war.

»Wer hat das Foto gemacht?«, fragte sie.

»Selfie«, sagte Christina grinsend. »Saskia gute Fotografin.«

Erst jetzt wurde Melanie bewusst, dass sie in der Villa Ostara kein einziges Bild von Antonins Ex-Frau gesehen hatte.

Obwohl Christina sie nicht gehen lassen wollte, bestand Melanie darauf, in die Villa Ostara zurückzukehren. Diese beiden Selbstmorde ließen ihr keine Ruhe. Sie wollte Antonin unbedingt zur Rede stellen, musste wissen, was in diesem schrecklichen Haus wirklich passiert war.

Beim Abschied drängte Christina ihr den Rest des Fläschchens mit Brechwurzelsirup auf. Sie war sehr aufgeregt, brachte keine vollständigen deutschen Sätze mehr zusammen: »Nach jedem Essen ein paar Schluck! Und ja keine Tabletten von ihm! Er kein Doktor mehr ...« Sie suchte offensichtlich nach dem richtigen Wort. »Er selber krank, selber Patient. Wir gemeinsam auf Insel Rab im Spital.«

Was schwafelt die Alte da für Unsinn, fragte sich Melanie. Vielleicht hatte Antonin doch recht gehabt und Christina litt tatsächlich zumindest unter Verfolgungswahn. Vor einem Monat war sie Antonin auf dieser psychiatrischen Tagung in Wien zum ersten Mal begegnet. Nicht nur sie war von seinen brillanten Diskussionsbeiträgen beeindruckt gewesen, selbst ihre an sich überkritische Chefin, die Frau Primaria, hatte ihn für genial gehalten.

Dennoch ging Melanie nicht hinüber zur Villa Ostara, sondern spazierte die steile Straße hinunter. Sie fühlte sich sehr schwach, ging langsam, schlenderte durch den selbst im Winter prachtvollen Park Angiolina mit seinen über hundertfünfzig verschiedenen, meist exotischen Pflanzen zum Meer und vorbei an dem berühmten Hotel Kvarner, dem ersten von der Südbahngesellschaft im 19. Jahrhundert erbauten Luxushotel in Opatija, den Lungomare entlang bis zum Hotel Miramar.

Zum Glück hatte Luca heute Dienst. Sie wartete draußen unter dem Vordach der Habsburg-Bar, bis er Zeit für sie hatte, trank einen doppelten Espresso und rauchte mehrere Zigaretten. Ihr war nach wie vor flau im Magen, aber das konnte auch an den Zigaretten liegen.

Als sich Luca endlich zu ihr gesellte, fragte sie ihn geradeheraus, was es mit dem Selbstmord von Antonins Mutter auf sich hatte.

Luca fühlte sich sichtlich unwohl, war jedoch zu höflich, um nicht zu antworten.

»Ich weiß nicht viel darüber, weiß nur, dass sie sich am Kronleuchter im Salon der Villa erhängt hat. Ihr Mann war ein hohes Tier beim Militär. Es gab einen großen Skandal. Die Polizei ermittelte gegen ihn, weil die roten Flecken auf ihrem Hals nicht nur von dem Seil zu stammen schienen. Sie stellten die Ermittlungen wegen Mordes bald wieder ein. Ich war damals ein Kind ...«

»Mord?« Melanie schrie so laut, dass sich einige Hotelgäste, die in ihren weißen Bademänteln gerade aus der Sauna kamen und hinunter zum Meer liefen, um sich abzukühlen, nach ihr umdrehten.

Obwohl sie sich selbst bereits ausgemalt hatte, wie Antonins Vater seine Frau umgebracht hatte und auch Christina solche Andeutungen gemacht hatte, war es noch einmal etwas anderes, bestätigt zu bekommen, dass ihr Verdacht kein Produkt ihrer ausufernden Fantasie gewesen war.

Luca schien peinlich berührt, wollte sich zurückziehen. Melanie hielt ihn am Ärmel seines Hemdes fest: »Sie müssen mir alles erzählen. Wann haben Sie Dienstschluss?«

»Nach dem Abendessen, circa um zweiundzwanzig Uhr.«

»Wir treffen uns in der Habsburg-Bar. Nein, ich werde lieber hier draußen auf Sie warten. Auf der Terrasse werden wir um diese späte Stunde ungestört sein.«

Luca war deutlich anzumerken, dass er keine Lust hatte, weiter mit ihr über die Familie seines ehemaligen Schulkollegen zu reden. Doch sie sah ihn so flehend an, dass er schließlich einwilligte, sie abends zu treffen.

✳

Melanie erschien nicht um zweiundzwanzig Uhr im Hotel Miramar. Zu dieser Zeit lag sie fast bewusstlos im Himmelbett von Antonins Mutter.

Das Weihnachtsessen war kein umwerfender Erfolg gewesen. Was konnte man schon auf einem Campinggaskocher Großartiges kochen? Sie hatte Antonin Spaghetti mit Tomatensauce und viel Parmesan sowie einen Salat mit Avocados und Granatäpfeln serviert. Er hatte die Hälfte seiner Spaghetti stehen lassen. Auch sie hatte wegen ihres verstimmten Magens kaum etwas gegessen.

Der Rotwein, den er ihr schon, während sie kochte, kredenzt hatte, war ausgezeichnet gewesen. Angeblich stammte er von dem Weingut seines Onkels. Hatte er überhaupt einen Onkel? Melanie glaubte ihm kein Wort mehr.

Leider war ihr während des Abendessens erneut schlecht geworden, zweimal hatte sie sich entschuldigen müssen.

Sie hatte nicht gewagt, ihn direkt zu fragen, ob er seinen Job verloren hatte oder suspendiert worden war, hatte ihn nur gefragt, ab wann er wieder arbeiten müsse.

»Schon bald. Doch sprechen wir jetzt nicht von meiner Arbeit. Du bist krank und gehörst ins Bett.«

Trotz ihrer Proteste, brachte er sie in ihr Zimmer. Er war die Liebenswürdigkeit und Fürsorglichkeit in Person. Alle

Zwistigkeiten schienen vergessen zu sein. Er wischte ihr den Schweiß von der Stirn und flößte ihr Tee ein.

Als er sie irgendwann alleinließ, fiel ihr das Fläschchen mit dem Brechwurzelsirup ein, das ihr Christina mitgegeben hatte. Mit letzter Kraft öffnete sie die Schublade ihres Nachtkästchens, nahm das Fläschchen heraus und trank es in einem Zug leer.

Kurz danach musste sie wieder kotzen. Sie schaffte es nicht mehr, das Bett zu verlassen, wälzte sich zwar hinunter auf den Boden, blieb aber dort in ihrem Erbrochenen liegen wie eine auf den Rücken gefallene Schildkröte.

Gegen Mitternacht klopfte jemand heftig an die Eingangstür. Melanie vernahm das Klopfen aus weiter Ferne. Doch plötzlich vernahm sie laute Stimmen von unten. War das nicht die Stimme von Luca, dem Oberkellner aus dem Hotel Miramar?

Das faltige Gesicht einer uralten Frau erschien plötzlich vor ihren halb offenen Augen.

»Christina«, seufzte Melanie erleichtert. Dann schwanden ihr die Sinne.

Epilog

Der vor drei Jahren wegen einer psychischen Erkrankung suspendierte Arzt Dr. Antonin Vukovic wurde am zweiten Weihnachtsfeiertag wegen Mordversuchs an Magistra Melanie Klein von der kroatischen Kriminalpolizei verhaftet. Spuren von Rattengift hatten sich in dem Erbrochenen, an dem sie fast erstickt wäre, befunden. Der zuständige Untersuchungsrichter hatte auch die Exhumierung und Obduktion der sterblichen Überreste seiner Frau Saskia, die vor drei Jahren Selbstmord begangen hatte, angeordnet.

Melanie Klein überlebte diese fast fatale Affäre, suchte danach nicht mehr ihre Psychotherapeutin auf, sondern fuhr zu Ostern auf Urlaub ins Hotel Miramar nach Opatija. Hatte nicht schon einst Dr. Sigmund Freud seinen neurotischen Patientinnen einen Kuraufenthalt im damaligen Abbazia empfohlen?

Alle Jahre wieder

Tankstellen-Blues

Es ist viel zu kalt, um auf der Straße zu stehen und auf Kunden zu warten, die ohnehin nicht kommen werden. Nur wenige Männer sind am Tag vor dem Heiligen Abend um diese späte Stunde unterwegs. Bei diesen frostigen Temperaturen verkriechen sie sich lieber zu Hause in ihren Ehebetten, schmiegen sich an die knochigen Leiber ihrer Frauen oder sehen sich einen drittklassigen Softporno an.

Die letzte Tankstelle vor der Autobahnauffahrt hat noch offen. Schwacher Lichtschein schimmert durch die kahlen Bäume. Der Parkplatz auf der anderen Seite der Straße liegt völlig im Dunkeln.

Die klammen Finger in den Taschen ihrer kurzen Webpelzjacke vergraben, stapft sie im Schutz eines Tannenbaums auf und ab. Nasses Laub raschelt unter ihren Füßen, feuchter Nebel kriecht unter ihren kurzen Rock. Aber wenigstens bleiben ihre Beine in den roten Lackstiefeln warm. Sie zieht die Schäfte über die Knie, bis ihre schwarze Glitzerstrumpfhose fast völlig bedeckt ist.

Ihr bevorzugter Arbeitsplatz sind die Ausfahrtsstraßen der Stadt. Früher, am Gürtel, haben sie und ihre Kolleginnen sich in solch trostlosen Nächten gegenseitig wegen des schlechten Geschäfts angejammert oder sich in einer Bar mit Glühwein getröstet. Seit sie auf eigene Rechnung arbeitet, sind die Standplätze für sie tabu.

Obwohl immer noch attraktiv, ist sie nicht mehr die Jüngste. Die offenen Grenzen im Osten haben den Konkurrenzkampf verschärft. Zu viele jugendliche slawische Schönheiten! Eine fast Vierzigjährige hat nur mehr wenige Chancen, außer sie spezialisiert sich. Seit die »Bumsbomber« täglich Bangkok anfliegen, lieben es die Herren fernöstlich, exotisch und minderjährig. Trotzdem mangelt es ihr nicht an Freiern. Viele Männer, vor allem ältere Semester, wissen nach wie vor reifere weibliche Rundungen zu schätzen.

An ihrem kurzen schwarzen Lederrock ist seitlich die Naht aufgeplatzt. Sie hat wieder zugenommen. Demnächst wird sie sich neue Arbeitskleidung anschaffen müssen. Für kalte Winternächte ist sie nur mangelhaft ausgerüstet.

Sie geht nicht mehr täglich auf den Strich, ist außerdem wählerisch geworden. Aber Weihnachten steht vor der Tür. Und wenn sie auch nicht weiß, wem sie etwas schenken könnte, hat sie sich doch vom vorweihnachtlichen Kaufrausch anstecken lassen und sich selbst reichlich beschenkt. Daher braucht sie momentan wieder dringend ein bisschen Kohle.

Sie zittert vor Kälte, beschließt, sich in der Tankstelle aufzuwärmen. Der Tankwart wird sich bestimmt über Gesellschaft freuen. Seit sie am Parkplatz unter den Bäumen steht, hat kein Wagen an seinen Zapfsäulen gehalten.

Abschätzend mustert sie den jungen Mann.

Ein netter Kerl, helle freundliche Augen, ein weicher Mund, gute Figur, mittelgroß ... Obwohl er mindestens zehn Jahre jünger ist als sie, beginnt sich sein dunkelblondes Haar an der Stirn bereits zu lichten.

Der Tankwart fragt, ob sie einen Kaffee möchte. »Bei der Saukälte braucht man wa...was Warmes im Bauch.«

Ein Whisky wäre ihr lieber, doch sie will nicht unverschämt sein.

Er begibt sich in die Kochnische.

Sie schaut sich in dem kleinen Raum aufmerksam um. Zwei elektrische Heizstrahler spucken Wärme aus, als seien sie Kraftwerke. Die Tiefkühltruhe ist vollgestopft mit vertrockneten Wurstsemmeln, Bier- und Limonadendosen, die Kasse verschwindet hinter Bergen von Süßigkeiten. Die Regale dahinter sind voller Werkzeug und auf dem obersten Regal thront ein kleiner Fernseher. Die »Titanic« hat gerade den Eisberg geküsst. Chaos an Bord. Eine ihrer Lieblingsszenen.

Sie fürchtet, Genickstarre zu bekommen. Zuhause auf der Couch vor ihrem eigenen Fernsehapparat hätte sie es jetzt viel gemütlicher.

»Machen Sie es sich ruhig be... be...quem«, ruft der Tankwart aus der Kochnische.

Der hat Nerven! Wo soll sie es sich hier bequem machen? Der einzige Stuhl steht hinter der Kasse. Während sie überlegt, ob sie sich einfach auf seinen Platz setzen soll, bringt er einen schmalen Hocker aus der Küche und stellt ihn neben die Kühltruhe.

»Kann ich mir ein Bier nehmen? – Ich zahl's auch«, fügt sie leise hinzu.

»Bedienen Sie sich!«

Sie nimmt eine Dose aus der Truhe und versucht, ihren dicken Hintern auf dem wackeligen Hocker zu platzieren. Der Tankwart holt den Kaffee und bietet ihr Kekse an. »Die... die hat meine Mutter selbst gebacken. O... oder mögen Sie lieber Lebkuchen?«

»Nein, nein, Kekse sind schon okay. Außer, Sie hätten vielleicht Vanillekipferl?«

Er fischt eine Schachtel Vanillekipferl aus dem Regal, reicht sie ihr mit einer galanten Verbeugung.

Seine Freundlichkeit verwirrt sie. Beinahe verlegen weicht sie seinem treuherzigen Blick aus und starrt auf den kleinen Fernsehschirm. Den Film hat sie schon mehrmals gesehen – wie fast alle Filme mit Leonardo DiCaprio.

Wenn diese beiden Idioten gestern statt Kreditkarten mehr Bargeld im Sack gehabt hätten, müsste sie jetzt nicht in diesem überheizten Tankstellen-Shop hocken und sich den Hals nach dem hübschen DiCaprio verrenken. Sie mag diesen Film, aber wie konnte er nur so blöd sein und sich für diese Tussi opfern? Trotzdem wird sie am Schluss wieder Tränen vergießen.

Verärgert runzelt sie die Stirn. Ihre Wangen brennen wie Feuer. Sie betrachtet sich in einem kleinen Rückspiegel auf dem Regal hinter der Kasse.

Strähniges, rot gefärbtes Haar, Schnapsnase, rot geäderte Augen, Pickel auf Stirn und Kinn – sie ist heute wahrlich kein schöner Anblick.

»Wa... warum ziehen Sie nicht I... Ihre Jacke aus? Dr... draußen frieren Sie sonst wieder.«

Bildet sie sich nur ein, dass er ihren Busen mit einem begehrlichen Blick streift?

»Eigentlich wollte ich mich ja nur kurz aufwärmen«, sagt sie und schält sich aus ihrem unechten Tigerfell.

Kein Zweifel, der Bursche starrt tatsächlich fasziniert auf ihre vielversprechenden Brüste, die sich aufreizend unter dem hautengen roten Trikot abmalen. Deswegen ist er so freundlich, der Herr Tankwart, denkt sie beinahe erleichtert. Sie glaubt zu wissen, was er im Sinn hat. Aber da ist er an die Falsche geraten, für einen Kaffee, ein Bier und ein paar staubige Vanillekipferl macht sie es noch lange nicht.

❄

Dass sie billig zu haben wäre, hat der hübsche Porsche-Heini damals auch geglaubt, hat gedacht, mit einer kleinen Spritztour könnte er sie rumkriegen. Mit runtergelassener Hose und durchschnittener Kehle sah er dann plötzlich gar nicht mehr so unwiderstehlich aus.

Sie muss immer noch lachen, wenn sie an das dumme Gesicht des Mannes denkt, der als Nächster auf dem stinkenden Parkplatzklo sein Geschäft erledigen wollte. Vielleicht erlag er vor Schreck einem Herzinfarkt? – Zwei Fliegen auf einen Streich?

Siebzehn Euro hatte der Porsche-Fahrer in der Tasche. Manchmal sind eben auch die Kerle mit den schicken Autos eine Enttäuschung. Dennoch bleibt sie bei ihrem Prinzip, nur in teure Wagen zu steigen. Mit armen Schluckern hat sie nichts am Hut.

❄

Der nette Junge schenkt ihr einen irritierten Blick, weiß ihr versonnenes Lächeln nicht recht zu deuten.

»Prost!« Sie leert ihr Bier in einem Zug.

»Noch eins?«

»Aber immer.«

Er nimmt sich auch eine Dose aus der Truhe. Seine Finger berühren dabei ihre Schenkel. Der Lederrock ist hochgerutscht, entblößt ihre Beine fast bis zur Scham. Er streichelt ihre rundlichen Knie.

Sie stößt seine Hand weg. »Da ist ein Kunde.«

Ein Wagen steht an der Zapfsäule. Der Fahrer des kleinen VWs hupt schon zum zweiten Mal und steigt gerade aus. Typ braver Familienvater – sowas interessiert sie nicht.

»Beeil dich und fertig ihn draußen ab, ich möchte den Film ungestört zu Ende sehen.«

»Willst du nicht ...? Ich meine, er ist allein, und es ist schließlich dein Job ...«

Resigniert zuckt sie mit den Schultern und bleibt sitzen.

Der Tankwart eilt im Laufschritt zu den Zapfsäulen. Sie schaut ihm grinsend nach. Dann schielt sie hinüber zur Kasse.

Wenn man es recht bedenkt, waren die beiden Deutschen mit dem Mercedes letzte Woche doch kein so schlechter Fang. Fast fünfhundert Euro Bares hat sie ihnen abgeknöpft. Ihre Kreditkarten hat sie nicht angefasst. Sie begeht keine Anfängerfehler. Nachher tat es ihr beinahe leid um den schönen Wagen. Aber was hätte sie damit anfangen sollen? Einen Führerschein besitzt sie nicht. Außerdem war es viel zu gefährlich, mit dieser Spezialanfertigung herumzukutschieren. Man hätte sie glatt wegen Autodiebstahls belangen können. Der kleine Feuerzauber machte ihr großen Spaß. Dass die beiden Waffenschieber waren, hat sie nicht ahnen können. Aber wenigstens war sie dadurch aus dem Schneider. Der Anschlag wurde einer nahöstlichen Terrororganisation zugeschrieben. Die Bullen waren wirklich zu blöd. Profis hätten bestimmt keinen Fidibus verwendet – das sah doch eher nach einem Dummejungenstreich aus. Ärgerlich war nur, dass sie es diesen großkotzigen Typen vorher hatte besorgen müssen, und zwar beiden gleichzeitig. Anschließend luden sie diese Arschlöcher noch auf ein Schnäpschen in die Raststätte ein. Es war ihr letzter Schnaps. Sie ging sich die Hände waschen und kehrte nicht zurück. Als der Mercedes explodierte, stieg sie gerade in die Fahrerkabine eines Lkws.

Dumme Männer sterben langsam. DiCaprio brauchte mindestens fünf Minuten lang, um im Nordatlantik zu ertrinken.

Sie wischt sich die Tränen von den Wangen.

Ein eiskalter Luftzug streift ihre Beine. Der Tankwart putzt sich ordentlich die Schuhe ab, bevor er über die Türschwelle tritt. Er erinnert sie plötzlich ein bisschen an DiCaprio, hat das gleiche Milchgesicht und eine ähnlich gute Figur.

Sie bittet ihn lächelnd, den Fernseher abzudrehen und Radio Wien einzuschalten.

»Kling, Glöckchen, klingelingeling« tönt es aus den kleinen Boxen an der Wand.

Ihr Blick bleibt an einem großen Wagenheber im Regal hängen.

Der Tankwart trägt keinen Ring. Das hat zwar nichts zu bedeuten, aber er sieht auch nicht aus wie ein verheirateter Mann.

Wahrscheinlich wohnt er noch bei seiner Mutter, denkt sie, als er sie stürmisch umarmt und ihre Brüste zu begrapschen beginnt. Lächelnd lässt sie ihn gewähren. Seine Mama wird bestimmt viel weinen um ihn, vor allem morgen, am Heiligen Abend, den sie nun allein vor dem Fernsehapparat verbringen wird.

Auch ihr graut vor dem morgigen Abend, auch sie wird allein sein, und auch sie ist vor sentimentalen Anwandlungen nicht gefeit. Alle Jahre wieder sehnt sie sich nach trauter Zweisamkeit im Kerzenschein und Lichterglanz, nach selbstgebackenen Keksen und nach »Stille Nacht, heilige Nacht« aus dem Radio zu jeder vollen Stunde ...

»Hast du eine Zigarette für mich?«

Er reagiert nicht gleich, scheint völlig verrückt nach ihren Brüsten zu sein.

Unsanft stößt sie ihn weg. »Doch nicht hier! Bei dieser Festbeleuchtung kann uns jeder sehen.«

»Aber es ist ... ist ja kei... keiner da.« Er errötet wie ein Schuljunge.

»Gerade war einer da.«

Vor so viel weiblicher Logik kapituliert er und begibt sich auf Zigarettensuche. Er ist Nichtraucher, wie es sich für einen anständigen Tankwart gehört, hofft aber, in der Küche ein Päckchen seines Kollegen zu finden.

Sie schnappt sich den Wagenheber und versteckt ihn in der Kühltruhe, legt ein paar Cornettos drüber.

❄

Der Opa mit dem Audi Quattro damals war auch strikt gegen das Rauchen, machte aber ihr zuliebe eine Ausnahme. Natürlich nicht, ohne zu betonen, dass sie der erste Mensch wäre, der in seinem ganz mit weißem Leder ausgekleideten Edelschlitten rauchen durfte. Sie zeigte sich dankbar und bereitete ihm das schönste Ende, das sich ein alter Mann nur wünschen kann. Die kleine Nachtfahrt hat sich auch für sie bezahlt gemacht. Zwei Hunderter und einige Fünfziger, ganz zu schweigen von dem goldenen Siegelring und der Cartieruhr. In ihrem Schmuckkästchen hat sich schon ein hübscher kleiner Schatz angesammelt. Ihre Altersversorgung. Sie war nicht so dumm, die Kostbarkeiten gleich zu Geld zu machen. Selbst wenn sie aus dem letzten Loch pfiff, rührte sie die gefährlichen Klunker nicht an. Lieber ging sie arbeiten. Vielleicht hätte ihr wilder Ritt den Opa ohnehin ins Jenseits befördert. Er hatte ein schwaches Herz. Doch darauf konnte sie sich nicht verlassen. Als er kam, drückte sie ihm die Kehle zu – wie in diesem berühmten japanischen Film. Dann zog sie ihn wieder ordentlich an, nicht nur aus Pietät, sondern weil er so nett zu ihr gewesen war, und ließ ihn einfach sitzen in seinem schönen weißen Sarg.

Der junge Tankwart reicht ihr ein angebrochenes Päckchen Camel und gibt ihr Feuer.

Sie bläst ihm den Rauch ins Gesicht.

»Soll ich z... zusperren?«

Sie nickt, wirft die Asche achtlos auf den Boden. Als er ihr den Rücken zukehrt, greift sie nach dem Wagenheber.

»Oh du fröhliche, o du selige ...« Ihre tiefe, heisere Stimme übertönt die herzzerreißenden Stimmen der Wiener Sängerknaben.

Ein lieber Junge und auch recht hübsch, wenn man von den Geheimratsecken absieht. Er ist zwar nicht gerade der Hellste, außerdem stottert er ein bisschen ..., aber wenn die Mama nicht wäre? Selbst die würde ich am Heiligen Abend in Kauf nehmen, allerdings nur am Heiligen Abend, denkt sie.

Er hat die Lichter draußen ausgeschaltet, schließt jetzt die Tür und dreht auch drinnen das Licht ab. Im Dunkeln tastet er sich zu ihr.

Sie macht ihre Zigarette aus.

Seine Küsse sind leidenschaftlich, seine Hände nicht ungeschickt.

Sie holt aus, denkt an den Heiligen Abend und überlegt es sich plötzlich anders. »Hast du für morgen Abend schon was vor?«

Den Wagenheber in der Rechten, wartet sie auf seine Antwort.

Montevideo

In meinem Reich geht die Sonne nicht unter

Grüßi Gott, Eure Majestät! Einen schönen guten Morgen wünsche ich Ihnen. Der ältere Herr verbeugte sich ehrerbietig vor dem Plakat am Eingang zu den Kaiserappartements in der Wiener Hofburg. Kaiser Franz Joseph I. in weißer Galauniform schaute ernst, aber nicht ungnädig auf ihn herab.

Der Museumsaufseher war an diesem 24. Dezember, wie fast jeden Morgen, einer der Ersten an seinem feudalen Arbeitsplatz. Der Eingang zu seiner Wohnung befand sich unweit des Aufgangs zu den kaiserlichen Räumlichkeiten unter der Kuppel des Michaelertors. Er hatte also so gut wie keinen Arbeitsweg zurückzulegen, konnte sogar während der Dienstzeit manchmal nach seiner kranken Frau sehen.

Auf der marmornen Kaiserstiege, über die einst auch Franz Joseph seine Gemächer betreten hatte, war er dem Portier begegnet, der pünktlich um neun Uhr früh die Prunkräume aufgesperrt hatte. Die beiden Männer nickten einander zu, wechselten aber kein Wort. Nach all den Jahren hatten sie sich nichts mehr zu sagen, nicht einmal »Fröhliche Weihnachten!«.

Vom Michaelerplatz schallten Trompetenklänge zu ihnen herüber. »Stille Nacht, heilige Nacht«.

Der Aufseher schritt weiter die Treppe hinauf.

Er hatte sich längst sattgesehen an den aufwendigen Stuckaturen, den Wandteppichen aus Brüssel, den Tapeten aus Ananasdamast, den weiß-golden gestrichenen Möbeln aus Palisanderholz, den Lustern aus böhmischem Kristall und den Kachelöfen aus kostbarem Porzellan. Er bezweifelte, dass ihm all dieser imperiale Protz irgendwann einmal fehlen würde.

Als er die Trabantenstube durchquerte, entkam ihm ein kleines Grinsen. Früher versah hier die Leibgarde des Monarchen Tag und Nacht ihren Dienst. Heute sorgte er fast allein für die Sicherheit und Wahrung der Ordnung in den kaiserlichen Gemächern.

Um diese frühe Stunde waren noch keine Besucher im Haus. Er genoss die erhabene Stille in dem alten Gemäuer. Die Sehnsucht nach Ruhe hatte er mit dem längst verstorbenen Kaiser gemeinsam. Auch dieser war äußerst lärmempfindlich gewesen.

Im angrenzenden Saal hatte Seine Majestät zweimal in der Woche allgemeine Audienzen abgehalten, bei denen alle Untertanen des Reiches ihre Anliegen vorbringen konnten. Meistens absolvierte der Kaiser mehr als hundert pro Tag. Deshalb hatten diese Audienzen auch nie lange gedauert.

Der Museumsaufseher nahm den Platz ein, an dem früher die Bittsteller gestanden hatten, und verbeugte sich tief.

Darf ich es wagen zu fragen, wie das Befinden Eurer Majestät heute ist? Ich nehme an, Sie leiden nach wie vor unter seniler Bettflucht? Täglich um drei Uhr dreißig, also mitten in der Nacht, aufzustehen, ist wirklich etwas übertrieben. Unsereins fragt sich halt, wie Sie mit so wenig Schlaf auskommen konnten. Meine Frau, die Elisabeth, nein, nicht Ihre Sisi, meine Alte heißt genauso wie Ihre, wurde sogar nach Ihrer Majestät benannt. Was wollte ich sagen? Ach ja, meine Lisa ... Lassen Sie mich meine Gattin Lisa nennen, damit es in Zukunft zu keiner peinlichen Verwechslung mehr kommt. Ich heiße übrigens Josef. Allerdings nicht mit »ph« wie Eure Majestät. – Meine Lisa pflegt täglich mindestens zwölf Stunden zu schlafen und ist trotzdem ständig müde. Wie meinen Eure Majestät? Ihre hochwohlgeborene Gattin klagte ebenfalls über ständige Müdigkeit. Eine interessante Parallele. Heute nimmt man an, dass Ihre verehrte Frau Gemahlin unter einer schweren Depression gelitten hat oder vielleicht sogar manisch-depressiv war. Ihre innere Unruhe, ihre wilden Ausritte und ihre ständigen Reisen deuteten jedenfalls darauf hin. Lassen wir dieses Thema, wir sind beide keine Ärzte. Obwohl ich sagen muss, dass sich meine medizinischen Kenntnisse im Laufe meines Lebens deutlich verbessert haben. Ich habe nicht nur meinen herzkranken Schwiegervater bis zu seinem Tod gepflegt, sondern kümmere mich seit Jahren auch um meine kranke Frau. Sie verlässt das Bett kaum noch. Ihre Gichtanfälle werden, vor allem im Winter, immer häufiger und ihr Asthma hat sich rapide verschlechtert. Kein Wunder bei all dem Feinstaub in der Stadt. Wir brauchen dringend Schnee, Eure Majestät. Sie hatten doch von jeher einen besonderen Draht zu unserem Herrgott. Könnten Sie nicht ein gutes Wort für uns einlegen? Ich würde so gern noch einmal weiße Weihnachten in Wien erleben. Sie müssten sich aber ein bisschen beeilen. Heute ist Heiliger Abend. Wir schließen nach der letzten Führung pünktlich um eins und dann ...

Er beendete den Satz nicht, sondern zwinkerte Seiner Majestät zu, deren letztes Porträt auf einer Staffelei mitten im Audienzsaal stand. Er mochte dieses Bild, das Heinrich

Wassmuth 1915, einige Monate vor dem Tod des Kaisers, gemalt hatte. Der Monarch sah in seiner hellblauen Galauniform und mit seinem weißen Backenbart wie ein netter alter Opa aus.

Ich muss sagen, Eure Majestät waren im hohen Alter recht ansehnlich. Das Bild an der Rückwand, auf dem Eure Majestät in der Galauniform eines österreichischen Feldmarschalls gemalt wurden, gefällt mir weniger. In Ihrer Jugend wirkten Sie mit Ihren 1,68 Zentimetern etwas mickrig. Waren Sie nicht sogar um einige Zentimeter kleiner als Ihre Frau Gemahlin? Übrigens haben wir in dieser Hinsicht etwas gemeinsam. Ich bin auch kein großer Mann. War nicht unfesch, als sich meine Lisa in mich verliebte, finde mich aber heute mit sechsundsechzig wesentlich attraktiver als damals. Meine Lisa hat es mir nie verziehen, dass ich schlank und rank geblieben bin, während sie mit zunehmendem Alter mehr und mehr aus dem Leim gegangen ist.

Herr Josef betrachtete sich in einem leicht vergilbten Spiegel. Er war eine gepflegte Erscheinung, hatte volles graues Haar, einen dichten grauen Schnauzbart, helle freundliche Augen und hielt sich sehr aufrecht.

Meine Lisa ist leider eine fette alte Matrone geworden, fuhr er fort. Dabei war sie in ihrer Jugend durchaus ansehnlich. Ihre Eltern, vor allem der Herr Burghauptmann, waren von Anfang an gegen unsere Verbindung. Bezeichneten unsere Ehe als eine Mesalliance.

Ich war ein einfacher Goldschmied, hatte ein kleines Juweliergeschäft in der Gumpendorfer Straße, handelte hauptsächlich mit Silber. Als ich 2010 Konkurs anmelden musste, griff uns mein verwitweter Schwiegervater dankenswerterweise unter die Arme. Wir zogen zu ihm, in seine Wohnung in der Hofburg. Aber das war der Anfang vom Ende!

Mein Schwiegervater war ein wichtiger Mann, Burghauptmann mit besten Beziehungen. Er verschaffte mir diesen Job als Museumsaufseher. Erwartete natürlich, dass ich ihm ewig dafür dankbar wäre. Ich dankte ihm diesen Scheißjob auf meine Art.

Ein paar Monate nachdem wir bei ihm eingezogen waren, segnete er das Zeitliche. Ich gestehe, Eure Majestät, dass ich ein bisschen nachgeholfen habe. Er trieb mich mit seiner ewigen Meckerei zur Weißglut. Wegen seiner Herzschwäche musste er jede Menge Tabletten schlucken.

Eines Tages tauschte ich die Pillen in seiner Box aus. Er starb an einer Überdosis Digitalis. Unser seniler Hausarzt kam auf Lisas Wunsch sofort herbeigeeilt und stellte Herzversagen fest. Was für ein unspektakuläres Ende für einen Burghauptmann! Das Begräbnis war hingegen echt spektakulär. Fast so grandios wie das Begräbnis Eurer Majestät.

Oh, meine Kollegin ist gerade gekommen. Zu spät, wie immer. Wenn sie nicht so einen hübschen Hintern und so ein charmantes Lächeln hätte, würde ich sie glatt einmal zur Rede stellen. Doch heute ist schließlich Heiliger Abend. Außerdem kümmert sie sich freiwillig allein um die Räumlichkeiten Ihrer Gattin, der Kaiserin, die mich weniger interessieren. Denn dort jagen sie immer die Touristenmassen durch und man muss höllisch aufpassen, dass keiner zu nahe an die Vitrinen herantritt oder gar irgendwelche Devotionalien Ihrer Majestät hinunterwirft oder sonst irgendwie beschädigt.

Ihr Konferenzzimmer, Eure Majestät, findet bei unserem Publikum keinen besonders großen Anklang. Dabei wurden hier die wichtigsten Entscheidungen der Monarchie gefällt. Leider die falschen, wie man heute weiß. Hatten Sie bei diesen Ministerkonferenzen nicht immer den Vorsitz und das letzte Wort? Wie konnten Sie unser riesiges Reich, in dem einst die Sonne niemals unterging, so leichtfertig aufs Spiel setzen? Tut mir leid, Eure Majestät, diesen Vorwurf kann ich Ihnen nicht ersparen. Den Zugang zum Meer aufzugeben war jedenfalls ein Riesenfehler. Ich sage nur Triest, Pula, Rijeka oder besser gesagt Fiume ... Sie haben die Ungarn, die Tschechen und all Ihre anderen Völker gewaltig unterschätzt. Habsburgische Überheblichkeit? Verzeihen Sie, Eure Majestät, es steht mir nicht zu, Ihre Politik zu kritisieren. Aber angeblich hielten Sie sich lieber in Ihrer Garderobe hinter dem Konferenzzimmer als in diesem auf. Obwohl Sie, laut Ihrem letzten Leibkammerdiener Eugen Ketterl, außer bei der Jagd und vielleicht im Bett, eh nie etwas anderes getragen haben als eine Ihrer Uniformen. Uniformen waren anscheinend eine Ihre wenigen Leidenschaften. Ich denke, Sie hätten sich besser um die Nationalitätenkonflikte in Ihrem Reich und um die sozialen Probleme Ihrer Untertanen als um Ihre blöden Uniformen kümmern sollen!

In Ihrem Arbeitszimmer gibt es heute keine Aktenberge mehr. Tja, hier sah es wohl etwas anders aus, damals, als um sechs Uhr früh bereits die ersten Schriftstücke, die Sie bearbeitet hatten, abgeholt wurden. Danach servierte Ihnen Ihr Kammerdiener das Frühstück. In der Regel bestand es aus Tee oder Kaffee und mürbem Gebäck, Gugelhupf oder Milchwecken. Und Sie rauchten eine erste Zigarre. Heute weiß man, wie ungesund Rauchen ist. Sie wurden trotzdem steinalt. Das beruhigt mich, denn ich rauche hin und wieder eine Zigarillo. Zumal, wenn meine Frau einen Asthmaanfall hat. Ihre pfeifenden Atemgeräusche klingen richtig drollig. Mittlerweile genieße ich sogar ihre Vorwürfe. Vor allem deshalb, weil sie an ihnen jedes Mal beinahe erstickt.

Aber zurück zu Ihnen. Um elf Uhr nahmen Sie ein zweites, eher deftiges Frühstück auf dem kleinen Tisch zwischen den Fauteuils am Kamin ein. Dazu tranken Sie ein Glas Wein oder Bier. Nein, Sie waren bestimmt kein Alkoholiker, aber vielleicht vernebelte der tägliche Alkoholkonsum trotzdem Ihr Hirn? Erst um fünf Uhr nachmittags haben Sie dann richtig gegessen. Meistens in Gesellschaft eines Erzherzogs. Suppe, Tafelspitz oder Braten, Mehlspeise und Obst als Nachtisch, habe ich mir sagen lassen. Wo haben Sie das bloß alles hin gegessen? Sie waren relativ schlank. Nicht so dünn wie Ihre Frau, aber fast so schlank wie ich.

Übrigens fand ich die Gemälde in Ihrem Arbeitszimmer immer ziemlich frivol. Haben Sie angesichts des Bildnisses Ihrer schönen Gattin, jenes, das sie mit losem Haar zeigt, oder vor dem anderen, auf dem sie ihr langes Haar vor der Brust verschlungen hat, manchmal selbst Hand angelegt? Nichts für ungut, Eure Majestät. Wir reden jetzt ganz offen unter Männern. Meine Frau schläft schon seit zwanzig Jahren nicht mehr mit mir. Was bleibt mir anderes übrig, als zu onanieren. Ich bin kein Krösus wie Sie. Mätresse kann ich mir keine leisten. Pardon, pardon, ich bin zu weit gegangen. Die erotische Ausstrahlung Ihrer verehrten Frau Gemahlin hat mich einfach überwältigt.

Was will diese dicke Amerikanerin bloß von mir? Sie grinst mich schon die ganze Zeit an. Dicke Frauen stehen offensichtlich auf mich. Gerade hatte ich auf meinem unbequemen Stühlchen im Schlafzimmer Eurer Majestät Platz genommen, als diese fette Kuh beim Anblick Ihres eisernen Bettes zu kreischen anfing: »How uncomfortable!« Oh nein, sie hat die aufklappbare Kautschukwanne entdeckt und entfernt die Absperrung. Ich glaube, ich sollte einschreiten, sonst ruiniert sie womöglich die Mechanik. Heute ist mein letzter Arbeitstag – was soll's? Ich hoffe, dass sie wenigstens Ihren Betschemel in Frieden lassen wird. Ich weiß, wie wichtig Ihnen Ihre Morgen- und Abendgebete waren. Eure Majestät hätte ich zu gerne mal auf den Knien gesehen. Ihre Herrschaft war eine von Gottes Gnaden. Deshalb gehörte es sich auch, dass Sie unserem Herrgott ständig Ihre Dankbarkeit bezeugten. Ich mache mir momentan jedoch eher Sorgen um die Stabilität dieses Schemels als um den Zorn Gottes.

Die dicke Amerikanerin stürzte sich nun mit einem lautstarken »How lovely« auf das Rasiertischchen des Kaisers. Herr Josef, den ihr schrilles Organ an die Stimme seiner Frau erinnerte, resignierte. Ließ sie gewähren, verließ den Raum und ging hinüber in den großen Salon.

Nach dem Tod der Kaiserin haben Eure Majestät diesen Salon ja nicht mehr benützt. Schade, denn es ist ein schöner Raum und das Porträt von Ihnen im Ornat des Ordens vom Goldenen Vlies macht schon einiges her. Manchmal weise ich interessierte Besucher auf das sogenannte Kronprinzenwerk hin, von dem hier einige Exemplare herumliegen. Ihr Sohn war ein intelligenter Mensch. Leider haben Sie seine liberalen Ansichten nicht geteilt. Sie waren eben ein Sturkopf!

Mir war es nicht vergönnt, einen Sohn oder wenigstens eine Tochter zu haben. Vielleicht wäre meine Ehe weniger katastrophal verlaufen, wenn wir Kinder in die Welt gesetzt hätten. Aber meine Frau war von Anfang an kränklich und wusste eine Schwangerschaft erfolgreich zu verhindern.

Verstehen Sie mich nicht falsch, Lisa ist keine Hypochonderin, sie leidet wirklich unter der Gicht und hat schweres Asthma. Kein Wunder, ist unsere Wohnung doch sehr feucht. Die hohen Räume sind kaum heizbar. Sie scheint schreckliche Schmerzen in den Gelenken zu haben. Zuckt bei jeder meiner Berührungen zusammen. Seither streichle ich sie öfters. Ihre Gelenke sind tatsächlich meist stark geschwollen. Und ihre Finger und ihre Zehen haben sich ungustiös verändert. Auch ihre Nieren sind schwer geschädigt. Im Grunde ist sie eine arme Haut. Mein Mitleid mit ihr hält sich jedoch in Grenzen. Denn je mehr Schmerzen sie hat, desto unleidlicher benimmt sie sich mir gegenüber. Sie terrorisiert mich Tag und Nacht. Mein größter Fehler war, ihr vorige Weihnachten ein Seniorenhandy geschenkt zu haben. Seither ruft sie mich ständig an, wenn ich auf die Gemächer Eurer Majestät aufpasse. Mittlerweile hebe ich nicht mehr ab. Habe den Ton meines Handys auf lautlos gestellt, spüre es aber öfter in meiner Hosentasche vibrieren.

Ich weiß nicht, ob Ihre Sisi Sie andauernd mit ihren zahlreichen Wehwechen belästigt hat. Ich weiß nur, dass sie Ihnen leider auch keine gute Frau war. Sie hat Eure Majestät schmählich im Stich, Sie mit den wichtigsten Entscheidungen allein gelassen. Dabei wäre sie Ihnen bestimmt eine ausgezeichnete Ratgeberin gewesen. Sie soll ja ähnlich liberal und fortschrittlich gedacht haben wie Ihr Sohn, soll eine richtige Freidenkerin gewesen sein. Waren Sie tatsächlich so todtraurig, wie kolportiert wurde, als Sie von der Ermordung

Ihrer Gemahlin am Genfer See erfuhren? Sie kommentierten diese schreckliche Nachricht mit den Worten: »Mir bleibt wirklich nichts erspart.« Dieser Satz deutet eher auf Selbstmitleid hin. Nichts für ungut, Eure Majestät, aber haben Sie nicht nachher die vielen Jährchen als flotter Witwer in vollen Zügen genossen?

Ich bin gerade im kleinen Salon. Er diente Ihnen als Raucherzimmer, heißt es. Heute ist er eine Art Gedenkraum für Ihren größenwahnsinnigen Bruder, Kaiser Maximilian von Mexiko. Angeblich war er mit einer völlig verrückten und, wie man sagt, krankhaft ehrgeizigen Frau verheiratet. Meine Lisa war anfangs ebenfalls sehr ehrgeizig. Ehrlich gesagt hat sie mich mit ihrem verdammten Ehrgeiz in den Ruin getrieben. Sie verlangte von mir, dass ich mein Geschäft vergrößere und in den Diamantenhandel einsteige. Dieses Unterfangen war eindeutig eine Nummer zu groß für mich. Zuletzt blieb ich auf den Schulden sitzen. Habe alles verloren, das Geschäft, die Wohnung im sechsten Bezirk und auch meine Selbstachtung. Wenn uns mein Schwiegervater nicht bei sich aufgenommen hätte, wären wir buchstäblich auf der Straße gelandet. Aber diese Geschichte kennen Sie bereits. – Oh nein! Verzeihen Sie, Eure Majestät, jetzt muss ich wirklich einschreiten. Da wälzt sich tatsächlich so ein verzogener, glutäugiger kleiner Araberjunge im »gesunden« Eisenbett Ihrer Gattin. Ja, in Ihrem ehemaligen gemeinsamen Schlaf- und Wohnzimmer, das Sie 1870 auf Nimmerwiedersehen verlassen haben.

Es würde mich brennend interessieren, ob Sie nachher ..., Sie wissen schon ...? Fürchte, es ereilte Sie ein ähnliches Schicksal wie mich. In den letzten dreißig Jahren vor

ihrer grausamen Ermordung hat Sie Ihre Alte wahrscheinlich auch nicht mehr rangelassen, oder? Hat Sie Ihnen nicht
die Burgtheaterschauspielerin Katharina Schratt am Sil-
bertablett serviert? Außerdem war Ihnen auch diese Anna
Nahowski jederzeit zu Diensten und wahrscheinlich gab es
da noch einige andere süße, mollige Wiener Mädel. So ein
Herrscher hat es in dieser Hinsicht viel leichter als unsereins. Doch das wird sich bald ändern. Keine Angst, Majestät,
ich werde Ihnen von meinen Plänen heute noch berichten.

Ich muss nur rasch einen Blick in das Turn- und Toi-
lettezimmer Ihrer Gattin werfen. Der freche Araberbub ist
ganz allein da drinnen. Womöglich macht er sich am Frisier-
tisch Ihrer Gattin zu schaffen. Nicht auszudenken, wenn er
mit der Bürste Ihrer Majestät durch sein krauses Haar fahren oder gar ihre Sprossenwand hinaufklettern würde! Heute sind fast nur Ungläubige hier. Moslems, besser gesagt. Das
sind keine armen Mohren mehr, wie zu Ihrer Zeit, sondern
schwerreiche Leute, die genügend Marie haben, um Ihre ehemaligen Besitztümer aufzukaufen. Irgendwann wird so ein
Scheich mit seinem Harem vielleicht sogar in der Hofburg
residieren. Ihren Ahnen ist es ja anno dazumal gelungen, die
Türken von Wien fernzuhalten. Na ja, wenn wir ehrlich sind,
waren es nicht Ihre Ahnen, Eure Majestät – die Habsburger waren immer schlechte Kriegsherrn –, sondern dieser
Franzose, der Prinz von Savoyen-Carignan. Er hat Wien vor
den Türken gerettet. Hätte Prinz Eugen die Stadt nicht so erfolgreich verteidigt, würden diese Muselmänner hier schon
längst alles unter Kontrolle haben. Verdammte Scheiße, der
kleine arabische Prinz sitzt auf dem Klo Ihrer Majestät. Ich
muss das Schlimmste verhindern.

Herr Josef zerrte den Buben von der kaiserlichen Toilette, die die Form eines Delphins hat, zog ihm die Hosen hoch und hielt Ausschau nach seiner Mutter.

Das Kind kreischte wie am Spieß. Der Museumsaufseher kannte kein Erbarmen. Schüttelte den Kleinen und herrschte ihn auf Englisch an zu schweigen. Erst als drei Damen im Tschador auf ihn zustürzten, ließ er den Jungen los und ging schnellen Schrittes ins Berglzimmer.

In diesem mit illusionistischer Landschaftsmalerei ausgestalteten Raum atmete er erst einmal tief durch. Dann nahm er seine Unterhaltung mit Kaiser Franz Joseph wieder auf.

Ich bin zu alt für diesen Job. Es wird Zeit, dass ich in Pension gehe. Hätte eh schon früher gehen können. Mit der Mindestpension wäre ich aber nicht über die Runden gekommen. Dabei müsste ich längst nicht mehr arbeiten, wenn meine Frau ihr Erbe mit mir geteilt hätte.

Der Herr Burghauptmann hatte seiner Tochter ein kleines Vermögen vermacht. Ich bin aber bis vor kurzem nicht dahintergekommen, wo sie es versteckt hatte. Ausgegeben hatte sie es nicht, das stand fest. Auf eine Bank hatte sie es auch nicht getragen. Sie misstraute Banken prinzipiell. Was Banken betraf, waren wir ausnahmsweise einer Meinung. Da sie in den letzten Wochen kaum mehr das Bett verlassen hat, begann ich mit der systematischen Durchsuchung unserer Wohnung. Und Sie werden es nicht glauben, ich wurde fündig. Und zwar in der Küche. Diese dumme Gans hatte Goldbarren und Goldmünzen in unserer Tiefkühltruhe zwischen Hühnern, Lachsfilets und Marchfelder Gemüse auf Eis gelegt. Als ich vor ein paar Tagen nachsah, ob sie eine Weihnachtsgans eingefroren hatte, entdeckte ich den Schatz.

Ich muss jetzt hinüber in den großen Salon der Kaiserin. Meine Kollegin, die mit dem tollen Hintern, macht gerade Kaffeepause und hat mich gebeten, ein Auge auf Sisis Räumlichkeiten zu haben.

Ich stehe nun mal auf pralle Hintern. Ich weiß nicht, welche Vorlieben Sie hatten. Vermute, dass Eure Majestät ebenfalls die Molligen bevorzugte. Hauptsache jung und knackig, nicht wahr? Wenn ich allerdings an die unzähligen Hungerkuren der Kaiserin denke, nehme ich an, dass sie weder ordentliche Brüste noch einen strammen Arsch hatte. Außerdem haben Sie ihr in kürzester Zeit vier Kinder angehängt. Die arme Sisi war keine einundzwanzig, als ihre letzte Tochter, Marie Valerie, das Licht der Welt erblickte. Vielleicht ist die Jüngste aber gar nicht von Ihnen gewesen? Man munkelte so einiges, zum Beispiel, dass der fesche Graf Andrássy ... Egal, viel Glück hatten Sie jedenfalls weder mit Ihrer Gattin noch mit Ihren Kindern. Die Ehefrau Opfer eines brutalen Mordes, die erste Tochter Sophie als Kleinkind verstorben in Ihrem verhassten Königreich Ungarn, und der Sohn ein Mörder und Selbstmörder! Gibt Ihnen das nicht manchmal zu denken?

Heute ist selbst in den Gemächern Ihrer äußerst beliebten Gattin nicht viel los. Am Heiligen Abend haben die Touristen anscheinend Besseres zu tun, als die kaiserlichen Räumlichkeiten zu besuchen. Ich werde einen letzten Blick in das Alexander-Appartement und in den Roten Salon werfen und mich davon überzeugen, dass alles in Ordnung ist. Bin dann gleich wieder bei Ihnen.

Das Boucher-Zimmer ist eindeutig das prächtigste von all Ihren Zimmern. Die wertvollen Gobelins und kunstvollen

Möbeln werde ich vielleicht doch ein bisschen vermissen. In Ihrem Speisesaal ist übrigens die Tafel für dreißig Personen gedeckt. Genau wie zu Eurer Hoheit Zeiten. Bei einem dieser drei Mal in der Woche stattfindenden Abendessen wäre ich gerne mal dabei gewesen. Einmal in der Woche traf sich hier ja bekanntlich auch die kaiserliche Familie zu einem privaten Diner. Als Entschuldigung, diesem fernzubleiben, ließen Eure Majestät nur Krankheit oder offizielle Aufgaben gelten.

So ein Abendessen bei Ihnen muss ein ziemlicher Stress gewesen sein. Sie sollen Wiener Küche bevorzugt, aber die Lieblingsspeisen der Familienmitglieder berücksichtigt haben. Soviel ich weiß, bestanden diese Gelage meist aus dreizehn Gängen, die in fünfundvierzig Minuten hinuntergeschlungen werden mussten. Denn sobald Eure Majestät das Besteck auf den Teller legte, mussten alle zu essen aufhören. Tja, das waren eben andere Zeiten! Damals war der Mann noch Herr im Haus!

Ich habe, ehrlich gesagt, ganz gerne auf Ihre Habseligkeiten aufgepasst. Doch nun heißt es Abschied nehmen. Meine Frau ist heute selig verschieden. Mithilfe eines Polsters habe ich sie in der Früh für immer zum Schweigen gebracht. Man wird sie bestimmt erst nach den Feiertagen finden. Wenn ihr Leichnam zu stinken anfängt, werde ich schon längst über alle Berge sein. Heute ist mein letzter Arbeitstag, Eure Majestät. Ich fürchte, wir werden uns nicht wiedersehen.

Ich habe mir selbst das schönste Weihnachtsgeschenk gemacht. Seit heute bin ich ein freier Mann! Da staunen Sie, nicht wahr?

Nachdem sich das Tor zu den Kaiserappartements hinter mir geschlossen haben wird, werde ich hinüber in meine feuchte, ungemütliche Wohnung gehen und meine Koffer packen. Meine tote Frau wird mir dabei zusehen. Ich habe es nicht geschafft, ihr die Augen zu schließen.

Mein Flug nach Rio de Janeiro geht um siebzehn Uhr. Es wird mir ein besonderes Vergnügen sein, den Heiligen Abend im Flieger anstatt mit meiner Alten und einer verbrannten Weihnachtsgans vor dem Fernseher zu verbringen. Werde mich schon zwei Stunden vorher zum Gate begeben. Ich fliege natürlich mit Austrian Airlines. Bin ein glühender Patriot, wie Sie wissen. Und ich fliege Business Class, da ich nicht mehr der Jüngste bin.

Wie ich mir das alles leisten kann, fragen Sie? Kein Problem! Habe das Gold und den Schmuck meiner Lisa zu Bargeld gemacht. Damit werde ich bis an mein Lebensende sorglos leben können. Vielleicht werde ich aber das eine oder andere Stück aus Ihrer Silberkammer entwenden. Nur um ein paar schöne Erinnerungen mitzunehmen. Wo sich die Schlüssel für die Vitrinen befinden, ist mir bekannt. Ich hoffe, Eure Majestät werden mir vergeben. Habe ich doch jahrelang brav auf Ihr Tafelgeschirr aufgepasst, Ihre Wertsachen wie meinen Augapfel gehütet. Den Verlust einiger edler Stücke Ihres Prunkservices Grand Vermeil werden Sie hoffentlich verschmerzen. Keine Angst, allzu viele von den viertausendfünfhundert Teilen dieses feuervergoldeten Silberservices kann ich in meinen beiden großen Koffern ohnedies nicht unterbringen.

Als ehemaliger Goldschmied weiß ich die große Kunst der französischen Kollegen zu schätzen. Außerdem haben Ihre gierigen Verwandten in diesen exotischen Ländern sowieso auf Teufel komm raus gewildert. Denken Sie an Ihren Neffen, den unseligen Thronfolger Franz Ferdinand, Gott hab ihn selig! Was der alles auf seiner Weltreise von den sogenannten Naturvölkern gestohlen hat – das kann man nie wieder gutmachen! Ihr geliebtes Bruderherz Maximilian war in dieser Hinsicht ebenfalls nicht zimperlich. Ich muss Sie hoffentlich nicht an all die Schätze, die er den armen Indios geklaut hat, erinnern. Geschweige denn an die berühmte Federkrone des Montezuma, die dieser Verbrecher Cortés angeblich Ihrem Vorfahren Kaiser Karl V. geschenkt hatte. Falls Ihr Gedächtnis schon etwas nachgelassen haben sollte, das war jener Habsburger, in dessen Reich die Sonne nicht unterging. Von Rio aus werde ich weiter nach Uruguay reisen, denn mit diesem Staat hat Österreich kein Auslieferungsabkommen. In Montevideo soll es fantastische Strände und vor allem wunderschöne Frauen mit prachtvollen Hintern geben.

Frohe Weihnachten und habe die Ehre, Eure Majestät! »Es war sehr schön, es hat mich sehr gefreut!«

Als Herr Josef eine Stunde später im Taxi zum Flughafen unterwegs war, begann es zu schneien. Er betrachtete dies als Zeichen, dass ihm der Kaiser nicht gram war, und freute sich wie ein Kind über die ersten weißen Weihnachten in Wien seit vielen Jahren.

Hotel Casablanca

Sein letzter Auftritt

Dreiundzwanzigster Dezember, neun Uhr fünfundvierzig. Hamburg Hauptbahnhof. All der weihnachtliche Glanz und Glitter konnte nicht darüber hinwegtäuschen, dass der Hamburger Hauptbahnhof zu den schmutzigsten Bahnhöfen Deutschlands gehörte. Der Boden war mit Plastikmüll, Essensresten und Kotze übersät. Penner und Junkies schnorrten ihn an, als er zur Gepäckaufbewahrung eilte.

Aus einem Souvenirladen erklang »La Paloma«, aus dem benachbarten Dessousgeschäft »Auf der Reeperbahn nachts um halb eins«. Die lauten Durchsagen und das Gegröle besoffener Nachtschwärmer verfolgten ihn bis zu den Schließfächern. Als er endlich ein leeres Fach gefunden hatte, musste er feststellen, dass er nicht genügend Kleingeld dabeihatte.

Eine Bettlerin mit einem Säugling im Arm näherte sich ihm hoffnungsfroh.

»Kannst du einen Fünfer wechseln?«, fragte er sie.

Ängstlich starrte sie ihn mit ihren großen dunklen Augen an und machte sich rasch wieder aus dem Staub. Wahrscheinlich hielt sie ihn für einen Verrückten.

Er wandte sich an einen Rucksacktouristen, doch der hatte dasselbe Problem wie er. Geduld zählte nicht zu seinen Stärken. Er beschloss, das Gepäck zu seinem Geschäftstermin mitzuschleppen.

»Verdammte Scheiße«, fluchte er, als er das Bahnhofsgebäude verließ und auf einem Pappbecher ausrutschte. Die schwere Umhängetasche glitt von seiner Schulter, landete in chinesischen Glasnudeln mit rötlichem Currybrei.

❄

Einige Stunden später lehnte er an der Rezeption des Hotels Casablanca in St. Pauli, unweit des Hafens. In der einen Hand einen Koffer, in der anderen eine Umhängetasche voll hässlicher Fettflecken.

Das Hotelfoyer erstrahlte in grellem Licht. Auf dem zwei Meter hohen Weihnachtsbaum blinkten mehrfarbige Lichterketten um die Wette. Die Wände waren mit goldenen Girlanden geschmückt. Auf der Theke standen Weihnachtsteller mit Lebkuchen und mürben Keksen.

»Greifen Sie zu, alles selbstgemacht«, sagte der Portier, als er ihm das Anmeldeformular reichte und ihn von oben bis unten musterte.

Sein Dreitagebart ist keine modische Attitüde, sondern das Resultat einer langen Zugfahrt in einem Zweite-Klasse-Abteil, dachte der Mann an der Rezeption.

Unter dem schlichten schwarzen Trenchcoat trug der große, schlanke Fremde einen dunklen Anzug, der bestimmt schon bessere Tage gesehen hatte. Der Kragen seines weißen Hemdes war nicht ganz sauber. Die Krawatte saß locker.

Der Fremde stellte sein Gepäck auf den Boden, griff nach dem Kugelschreiber, warf einen Blick auf das vergilbte Filmplakat von »Casablanca« neben dem Schlüsselbord

und zögerte ein paar Sekunden, bevor er sich als Victor
Laszlo, wohnhaft in Wien, Große Mohrengasse, zweiter Bezirk, eintrug.

✳

Sein richtiger Name war Viktor Lasky. Er hatte keine Wohn-
adresse mehr, nur ein Postfach in Wien.

»Geburtsort und -datum fehlen«, sagte der Rezeptio-
nist.

Wie immer machte sich Viktor um fünf Jahre jünger. Als
Geburtsort gab er Budapest an, obwohl er vor achtundvierzig
Jahren in Györ das Licht der Welt erblickt hatte.

»Hätte gedacht, Sie sind ein Landsmann. Ich komme aus
Wien, lebe aber seit vierzig Jahren in Hamburg«, sagte der
Portier. »Nennen Sie mich einfach Harry.«

»Ich möchte die erste Nacht gleich bezahlen«, sagte Viktor in der Hoffnung, dass der nette Harry dann keinen Ausweis verlangen würde.

»Fünfundsechzig Euro. – Berufstätig?«

»Schauspieler«, seufzte Viktor, schrieb aber »Filmemacher« hin.

In dieser Preiskategorie sehen alle Hotels der Welt gleich
aus, dachte er auf dem Weg zum Fahrstuhl, der ebenfalls
mit Tannenzweigen aus Plastik und goldenen Christbaum-
kugeln dekoriert war. Von der Eleganz des ausgehenden
19. Jahrhunderts war in dem alten vierstöckigen Gebäude
kaum etwas zu bemerken. Abgetretene Teppiche, zerschlis-
sene Polstermöbel, schmutzig-gelbe Wände. Die hübschen
Jugendstillampen im Foyer spendeten nur spärliches Licht.

Der Lift öffnete sich, zwei Männer traten heraus, steuerten den Ausgang an, ohne Viktor auch nur im Geringsten zu beachten. Dennoch fühlte er sich beobachtet. Er drehte sich um. Erst jetzt bemerkte er eine Frau, die ihn anstarrte. Die attraktive Rothaarige war wohl schon eine ganze Weile regungslos in der Tür der Bar gestanden.

»Viktor«, sagte sie leise. Ihre rauchige Stimme klang sehr erotisch.

Er schenkte ihr einen zweiten flüchtigen Blick, bevor er den Fahrstuhl betrat.

»Kann ich etwas für Sie tun, Frau Malkowski?«, hörte er den Portier fragen.

Nummer 38 lag in der dritten Etage, gegenüber der Fluchttreppe. Es war das letzte Zimmer auf dem düsteren Gang.

Viktor kontrollierte die Tür zum Notausgang. Sie war nicht verschlossen.

Das Zimmer entsprach seinen Erwartungen. Französisches Bett, Schrank, Kommode, Fernsehapparat, Minibar. Ein winziger Schreibtisch und ein Sessel vor dem Spiegel. Teppichboden, klein gemusterte Tapete, an den Wänden billige Reproduktionen Alter Meister. Das Licht war lausig. Wahrscheinlich sparten sie bei den Glühbirnen.

Schönere Zimmer als dieses hatte er sich fast nie leisten können. Nur in seinen besten Zeiten war er manchmal in Viersternehotels abgestiegen.

Er war heute früh mit dem Nachtzug aus Wien gekommen, hatte vormittags ein wichtiges, ja sogar alles entscheidendes Meeting hinter sich gebracht. Und danach dieser schreckliche Unfall! Er sehnte sich nur mehr nach Schlaf, nach einem langen, tiefen Schlaf.

Viktor warf seinen Koffer aufs Bett, öffnete ihn, nahm ordentlich zusammengefaltete Hemden, Socken und Unterwäsche heraus. Als er den Stapel in der Kommode verstauen wollte, fiel der Revolver, den er zwischen die Wäsche gesteckt hatte, auf den Boden.

Die 38er Smith & Wesson hatte er einst bei einem Schwarzhändler am Wiener Mexikoplatz erstanden. Damals hatte er sich eingebildet, von einem Schuldeneintreiber verfolgt zu werden. Er fragte sich, wie viele Menschen damit wohl erschossen worden waren.

Der Revolver war geladen. Viktor zielte auf den Spiegel. Als er bemerkte, dass er die Mündung genau zwischen die Augen seines Spiegelbildes gerichtet hatte, musste er grinsen. Eigentlich brauchte er die Waffe nur umzudrehen und abzudrücken.

Leises Klopfen.

Er warf den Revolver zurück in den Koffer, hatte aber keine Zeit mehr, den Deckel zuzumachen. Eine zierliche junge Person stand plötzlich neben ihm und reichte ihm frische Handtücher. Ihre Augen weiteten sich vor Entsetzen, als ihr Blick auf die Waffe fiel. Sie huschte sogleich wieder hinaus.

Er schloss hinter ihr ab, ging zum Fenster, öffnete es.

Dichte Regenwolken hingen über den Dächern der gegenüberliegenden Häuser. Als er sich weit hinauslehnte, erhaschte er einen Blick auf ein paar Kräne im Hafen. Bald würde sich der finstere Himmel entladen. Er schloss das

Fenster wieder, nahm ein zerfleddertes Buch aus seinem Koffer, legte es aufs Nachtkästchen. Während der langen Zugfahrt hatte er immer wieder darin gelesen.

»Wer abspringt, ist nicht notwendigerweise dem Wahnsinn verfallen«, hatte der Autor behauptet. Einen Sprung aus dem dritten Stock hatte er damit sicher nicht gemeint. Eine Rollstuhlkarriere hatte Viktor jedenfalls nicht im Auge.

Nachdenklich zog er die schweren dunkelblauen Vorhänge zu, setzte sich aufs Bett, stützte den Kopf in die Hände und starrte auf die Wand. Das alte Gemälde über der Kommode kam ihm bekannt vor. Eine nackte Blondine mit riesigem, furchteinflößendem Arsch. Die stark verkleinerte Kopie eines Bildes von Peter Paul Rubens? Ärsche und Titten, viel anderes hatte er in den letzten dreißig Jahren nicht zu sehen bekommen.

Er ließ sich das unerquickliche Gespräch gleich nach seiner Ankunft noch einmal durch den Kopf gehen. Die ganze Geschichte war unter keinem guten Stern gestanden. Von Anfang an war alles schiefgelaufen.

Sein Zug hatte fast eine Dreiviertelstunde Verspätung gehabt. Er war um zehn Uhr mit einem wichtigen Menschen aus der Filmbranche in einem Restaurant gegenüber dem Bahnhof verabredet gewesen, hatte es gerade geschafft, pünktlich zu sein. Herr Meier war eine halbe Stunde zu spät gekommen. Viktor war daran gewöhnt zu warten. Produzenten waren vielbeschäftigte Leute, die ihre Wichtigkeit unterstreichen mussten, indem sie andere warten ließen.

Am Telefon hatte Herr Meier durchaus sympathisch geklungen, ihn mit, wie er nun wusste, geheucheltem Interesse an seinem Projekt nach Hamburg gelockt. Das Geld für die

Bahnfahrkarte hatte Viktor seiner letzten Vermieterin in Wien abgeluchst. Sie glaubte an ihn, war überzeugt, dass er eines Tages den großen Durchbruch schaffen würde. Zugegeben, er hatte es selbst geglaubt oder, besser gesagt, glauben wollen.

Viktor hatte das gemeine Lachen des Produzenten, als er ihm sein Exposé für einen Dokumentarfilm über die Hamburger Pornofilmszene vorgelegt hatte, noch in den Ohren. Herr Meier hatte gemeint, mit so einem Filmchen würde man nicht einmal einen Hund hinter dem Ofen hervorlocken.

Viktor hatte sich ausgemalt, wie er die Smith & Wesson aus seinem Koffer holen und dem Großmaul den Lauf zwischen seine gelblich verfärbten Zähne stecken würde. Er hatte es nicht getan, aber er war dem Mann hinunter zur S-Bahn-Station gefolgt.

Ein unbarmherziges Klopfen unterbrach seine Grübelei.

Er rührte sich nicht.

Das Klopfen wurde lauter.

»Würden Sie bitte öffnen ... Mein Name ist Elsa, ich bin die Hotelbesitzerin.«

Ihm schien nichts anderes übrig zu bleiben, als aufzumachen.

Eine zarte, fast zerbrechlich wirkende Dame um die siebzig mit weißblond gefärbtem Haar und stark geschminktem Gesicht lächelte ihn freundlich an. Ihre elegante altmodische Kleidung passte zum verblassenden Glanz des Hotels. Sie stützte sich mit einer Hand am Türrahmen ab.

»Herzlich willkommen in meinem Haus. Wenn Sie irgendetwas benötigen sollten, wenden Sie sich ruhig an mich. Meine Wohnung befindet sich genau über Ihrem Zimmer. Sie brauchen nur an Ihre Decke zu klopfen. Oder Sie sagen dem Portier Bescheid. Der weiß immer, wo ich stecke.« Sie kicherte undamenhaft. Ihre Wangen waren stark gerötet. Doch sie sprach klar und deutlich.

»Danke, ich habe alles. Ich möchte nur schlafen.« Das klang höflich, aber bestimmt.

»Oh, was ist denn mit Ihrem Mantel passiert? Sind das Blutspritzer? Ich werde ihn gleich reinigen lassen.« Sie schnappte sich seinen Trenchcoat.

»Das mache ich selber«, murmelte er, riss ihr seinen Mantel aus der Hand und komplimentierte sie, ohne sie noch einmal zu Wort kommen zu lassen, hinaus.

In diesen kleinen alten Hotels hatte man nie seine Ruhe. Zu viel Nähe, zu große Intimität. Auch die Gäste waren nicht nach seinem Geschmack. Die beiden Männer, denen er unten in den Halle begegnet war, hatten nach billigem Rasierwasser gerochen. Zwei Vertreter aus der Provinz, die abends in der Herbertstraße auf der Reeperbahn mal ordentlich einen draufmachen wollten und pünktlich zum Heiligen Abend mit leeren Taschen und einem fürchterlichen Kater zu ihren braven kleinen Frauen heimkehren würden. Nur die hübsche Rothaarige, die ihn so entgeistert angestarrt hatte, passte nicht hierher.

Viktor brachte seinen großen Kulturbeutel voller Medikamentenschachteln und Vitaminpillen ins Bad. Zuletzt packte er auch die versaute Umhängetasche aus und stellte die teure Filmkamera auf die Kommode gegenüber dem Bett. Die Smith & Wesson legte er unter die Matratze.

»Warum glauben Sie mir nicht? Er hat wirklich einen Revolver. Ich habe ihn mit eigenen Augen gesehen«, stammelte Jasmin.

»Und warum regt dich das so auf? Ich habe auch einen«, sagte Harry.

»Sie ...?« Das Zimmermädchen schaute ihn verblüfft an.

»Ist ein uraltes Ding aus der Nachkriegszeit.«

»Aber ...«

»Kein aber. Mach nicht so ein Theater und bring gefälligst die Flasche Champagner hinauf, die Frau Malkowski bestellt hat.«

»Die Malkowski? Kennen die beiden sich? Nein, das hätte ich der niemals zugetraut, dass die einem Mann einen Champagner spendiert.« Jasmin kam aus dem Staunen nicht mehr heraus.

»Geh endlich.« Selbst Harrys Geduld war irgendwann mal zu Ende.

❄

Rosa Malkowski hatte ihn sofort erkannt.

Wie lange war es her? Achtzehn Jahre oder gar zwanzig? Er war auch heute noch ein gutaussehender Mann. Anscheinend kam er gerade aus dem Süden. Oder seine Bräune stammte aus einem Sonnenstudio? Die vielen Falten um Augen und Mund störten sie nicht. Sie war froh, dass er sich das volle, dunkle Haar nicht färbte. Die grauen Strähnen standen ihm gut. Von seinen schönen blauen Augen hatte sie auch Jahre später noch oft geträumt. Vorhin in der Halle hatten sie durch sie hindurchgesehen. Er hatte sie vergessen. Doch sie würde dafür sorgen, dass er sich wieder an sie erinnerte. Rosa Malkowski litt nicht unter Minderwertigkeitskomplexen. Und sie war auch nicht mehr das schüchterne Gänschen von damals.

Energisch klopfte sie an die Tür von Zimmer 38.

»Was ist denn jetzt schon wieder?«, rief Viktor ungehalten.

Er lag angezogen auf dem Bett und blätterte in Jean Amérys »Hand an sich legen«.

»Herr Lasky? Ich würde gern kurz mit Ihnen reden.«

Als er seinen richtigen Namen hörte, sprang er auf, stopfte das Hemd in die Hose und öffnete.

»Darf ich reinkommen?« Die Rothaarige in dem eleganten graugrünen Businesskostüm lächelte ihn nervös an.

»Ja, bitte.«

Er wirkte sichtlich irritiert, hatte nicht die geringste Ahnung, was diese attraktive Frau von ihm wollte. Wieso kannte sie seinen Namen?

»Kennen wir uns?«, fragte er.

Sie nickte.

»Darf ich mich setzen?«

Ohne seine Aufforderung abzuwarten, schob sie die zerknüllte Decke beiseite und machte es sich auf seinem Bett bequem.

Unschlüssig blieb er vor ihr stehen.

»Willst du dich nicht hinsetzen?«

Er schnappte sich den Sessel und setzte sich.

»Erinnerst du dich wirklich nicht mehr an mich?« Sie löste das Band in ihrem Haar, ließ ihre prächtige rote Mähne auf ihre Schultern fallen und nahm auch die schicke dunkelrote Brille ab.

Langsam kehrte die Erinnerung zurück. Doch Erinnerungen waren oft trügerisch. Er konnte nicht glauben, dass sie diejenige war, für die er sie hielt.

»Ja, ich bin's. Röschen.«

Während Viktor überlegte, welche Art von Begrüßung nun angebracht wäre, stieß das Zimmermädchen mit den Knien die nur angelehnte Tür auf.

»Können Sie nicht anklopfen«, fauchte Rosa sie an.

»Entschuldigen Sie bitte, Frau Malkowski, ich habe keine Hand frei.«

Das Mädchen stellte das Tablett mit dem Champagnerkübel und den beiden Gläsern auf die Kommode, deutete einen Knicks an und verließ rasch wieder das Zimmer.

❄

»Harry, Harry«, rief Jasmin. »Stellen Sie sich vor, die Malkowski sitzt auf seinem Bett. Sie ist völlig aufgelöst, offene Haare, keine Brille. Die beiden haben bestimmt was miteinander.«

Elsa, die neben Harry stand, zog ihre dünnen Brauen hoch.

»Jetzt ist aber Schluss«, herrschte Harry die Kleine an. »Was erlaubst du dir eigentlich? Wir legen hier Wert auf Diskretion. Schreib dir das hinter die Ohren!«

Jasmin errötete. In diesem Ton hatte er noch nie mit ihr gesprochen.

»Wir sind ja unter uns. Es hört uns eh keiner«, murmelte sie trotzig.

»Ich hasse Klatsch. Hau ab, wir haben zu tun.«

Kaum war das Zimmermädchen verschwunden, fing Elsa unbeherrscht zu lachen an.

»Wir legen hier Wert auf Diskretion«, äffte sie Harry nach. »Du hast den Beruf verfehlt. Als Kammerdiener oder Butler in englischen Komödien würdest du dich großartig machen.«

»Man muss diesen frechen jungen Dingern ein bisschen Respekt vor den Gästen beibringen. Eigentlich wäre das deine Aufgabe. Aber du hast ja …« Er hielt inne, betrachtete missbilligend das fast leere Weinglas in Elsas Hand.

Sie ignorierte den Blick und fragte: »Glaubst du, dieser Ungar und unsere schöne Malkowski …? Schwer vorstellbar, dass er ihr Typ ist. Aber wo die Liebe hinfällt …«

»Weiber«, murmelte Harry abfällig, hoffte jedoch, dass Elsa es nicht gehört hatte. Sie war zwar nicht mehr seine Chefin, hatte ihr Haus vor Jahren an eine Hotelkette verkauft, aber da sie sich ein lebenslanges Wohnrecht ausgehandelt hatte, spielte sie nach wie vor gerne die Hoteldirektorin, mischte sich in alles ein und wusste immer alles besser.

*

Viktor Lasky und Rosa Malkowski hatten vor vielen Jahren miteinander in einem Pornofilm gespielt. Die kleine, etwas dralle Schönheit aus einer polnischen Kleinstadt war gerade siebzehn gewesen, als sie nach Deutschland gekommen war.

Alle hatten die junge Polin für überaus begabt gehalten. Vielleicht, weil sie nicht nur hübsch anzusehen und zu allem bereit war, sondern auch, weil sie Köpfchen besaß? Viktor war damals schon ein alter Hase im Geschäft, für Rosa war es die erste Hauptrolle gewesen. Prompt hatte sie sich Hals über Kopf in ihn verliebt. Eine kurze, heiße Affäre ... Er konnte sich kaum an die Zeit mit ihr erinnern.

»Die erste Liebe vergisst eine Frau nie«, sagte Rosa und reichte ihm ein Glas Champagner.

»Nein danke, ich trinke nicht. Nicht mehr.«

»Na komm. Zur Feier des Tages. Nur zum Anstoßen.«

Er tat ihr den Gefallen. Es war ohnehin egal. Wozu noch den Abstinenten spielen? Er nahm auch die Zigarette, die sie ihm anbot, obwohl er seit drei Jahren keine mehr geraucht hatte.

Dieses Wiedersehen passte ihm einerseits überhaupt nicht in den Kram, andererseits musste er sich eingestehen, dass es ihn freute. Und das Gefühl von Freude hatte er sehr lange nicht mehr empfunden. Außerdem spürte er eine gewisse Neugier. Röschen sah umwerfend aus. Man merkte ihr an, dass es ihr gut ging.

»Du hast den Absprung geschafft?«, fragte er. »Wann bist du ausgestiegen?«

»Kurz nachdem du mich verlassen hast. Plötzlich hat mir vor allen Schwänzen gegraust. Ich konnte nicht mehr weitermachen. Beim letzten Dreh habe ich mich mitten in einer Fellatio-Szene übergeben. Einfach so, am Set.«

Sie ist richtig vornehm geworden, dachte Viktor amüsiert, sagt »Fellatio« statt »Blasen«.

»Ich habe Glück gehabt, habe einen netten alten Kerl kennengelernt. Er wollte mich sogar heiraten. Seine Frau hat sich aber nicht scheiden lassen. Mir war es egal. Er war Geschäftsmann, hat mir alles beigebracht, was man in seiner Branche so braucht. Ja, ehrlich. Ich verdanke ihm sehr viel.« Sie sprach wie aufgezogen, holte kaum Luft zwischen den einzelnen Sätzen. »Nach seinem Tod bin ich zur Konkurrenz gegangen, habe es bis zur Abteilungsleiterin geschafft. Wir bauen Messestände und Marktbuden. Auf dem Hamburger Weihnachtsmarkt habe ich ein paar neue Kunden an Land gezogen, gute Verträge für nächstes Jahr abgeschlossen. Da ich keine Lust hatte, Weihnachten allein in meinem leeren, kalten Haus in der Nähe von München zu verbringen, habe ich beschlossen, heuer Weihnachten in Hamburg zu feiern. Ist doch eine tolle Stadt, findest du nicht? Aber erzähl du. Was hast du in all den Jahren getrieben?«

»Ich bin viel herumgekommen ...«, begann er und hielt ihr sein leeres Glas hin.

Rosa schenkte ihm nach.

»Jahrelang habe ich mich bemüht, bessere Rollen zu kriegen. Anscheinend habe ich aber einen Stempel mit ‚Pornostar‘ auf meiner Stirn. Bis Ende dreißig war ich recht gefragt. Zuletzt bekam ich nur mehr Angebote für langweilige SM-Pornos. Ich hatte zu trinken begonnen, galt als unzuverlässig. Und irgendwann wollte man mich nicht einmal mehr als Prügelknaben. Ich bin total abgesackt. Kumpels von früher haben mir hin und wieder Gelegenheitsjobs verschafft. Zwischendurch habe ich mich sogar als Maskenbildner und Requisiteur versucht. Eines Tages war auch damit Schluss. Seit drei Jahren bin ich trocken, habe eine schlimme Entziehungskur am Steinhof hinter mir. So was würde ich meinem ärgsten Feind nicht wünschen«, sagte er und stieß mit ihr an.

»Prost, Röschen!«

Sie betrachtete ihn mit mitleidigen Blicken. Doch es fiel ihr schwer, echtes Mitgefühl für ihn zu empfinden. Dafür sah er viel zu gut aus. Nach langer Zeit spürte sie endlich wieder einmal Lust auf einen Mann. Sie war gespannt auf seinen Körper. Ob er wohl ebenso gut erhalten war wie sein Gesicht?

Behutsam legte sie ihre Hand auf sein Knie und fragte: »Und seither geht's bergauf?«

»Sieh mich an, ich bin zu alt für die Pornobranche.«

»Quatsch. Ich meine, was machst du jetzt?«

»Nach dem Entzug habe ich mich als freier Filmemacher versucht. Habe mehrere Anläufe unternommen, seriös zu werden. Ich wollte einen Dokumentarfilm über die Pornoszene in Wien drehen, habe selber einige Treatments verfasst. Sie haben mir keine Chance gegeben. Ich komme aus dem Milieu nicht raus. In letzter Zeit habe ich wieder bei billigen Videoproduktionen als Statist und Mädchen für alles gejobbt.«

»Du könntest bei mir einsteigen. Ich kann jeden kräftigen Mann brauchen.« Rosa beugte sich vor und strich über seine muskulösen Oberarme. »Ungeschickt bist du ja auch nicht gerade, wenn ich mich richtig erinnere.« Sie sah ihm tief in die Augen.

Messebauten. Nein, das war wirklich kein Job für ihn. Das liebe Röschen irrte sich. Er war nicht geschickt, konnte keinen Nagel gerade in die Wand schlagen.

Rosas goldbraun lackierte Fingernägel gruben sich in seine Schenkel, ihre karmesinroten Lippen näherten sich seinem Mund. Ihr Kuss war nicht sehr leidenschaftlich. Vielleicht lag das auch an ihm. Eigentlich hatte er keine Lust, sie zu küssen. Aber er ließ sie einfach gewähren, als sie den Reißverschluss seiner Hose öffnete und seinen Schwanz herausholte. Es war immer dasselbe. Hunderte Male, tausende Male. Er hatte nicht mitgezählt.

Sie streichelte ihn routiniert, fuhr langsam mit den Fingerspitzen rauf und runter, nahm schließlich den ganzen Schwanz in den Mund. Für einen Achtundvierzigjährigen war seine Erektion recht beachtlich. Er funktionierte eben immer noch, obwohl er nichts anderes als Überdruss und Langeweile empfand.

Das Telefon läutete.

Viktor versuchte aufzustehen.

»Geh nicht ran«, bat sie.

»Ich erwarte einen wichtigen Anruf«, log er. Kein Mensch außer dem Taxifahrer wusste, dass er im Hotel Casablanca abgestiegen war.

Hatte die Polizei ihn ausfindig gemacht? Es hatte alles keinen Sinn mehr. Viktor schob Rosa weg und griff nach dem Telefon.

Die Stimme der alten Dame klang nicht mehr ganz so fest wie vorhin, als sie ihn fragte, ob er noch einen Wunsch habe. »Hier ist Elsa.« Sie sprach das »E« wie ein »I« aus. »Eine zweite Flasche Champagner vielleicht, Herr Victor Laszlo?«

Er bereute es längst, diesen blöden Scherz mit seinem Namen gemacht zu haben. Die alte Dame schien eine kultivierte Person zu sein und hatte ihr Hotel sicher nicht zufällig »Casablanca« genannt.

❄

Behutsam nahm Harry Elsa den Hörer aus der Hand und legte auf. Sie schwankte, er musste sie festhalten, so betrunken war sie. Er fragte sich, wie sie das in der kurzen Zeit geschafft hatte, in der er seinen Routine-Rundgang durchs Haus gemacht hatte, vom Dachgeschoß bis in den Keller, wo der Antrieb des Lifts zischte und zitterte und manchmal Penner auf der Suche nach einem Schlafplatz durch eines der Fenster einstiegen.

Mit sanftem Druck am Arm führte er Elsa zum Lift. Als sie an der Bar vorbeikamen, sah Marko, der kroatische Barkeeper, von seinem Drink auf und runzelte seine buschigen grauen Brauen.

»Kümmere dich bitte kurz um die Rezeption«, bat Harry ihn. »Ich bringe sie rasch hinauf.«

Wie lange würde er es noch schaffen? Er hätte längst in Rente gehen können. Die Jahre hatte er beisammen. Er war nur wegen Elsa geblieben. Sie machte es ihm aber nicht gerade leicht. In letzter Zeit war es mit ihr schlimmer geworden. Vor ein paar Tagen hatte sie in der Bar Gläser an die Wand geworfen. Zum Glück erst, nachdem der letzte Gast gegangen war. Und gestern hatte sie ihn beschimpft, ihm sogar mit dem Rausschmiss gedroht, weil er ihr die Weinflasche weggenommen hatte. Gäste hatte sie jedoch bisher nie belästigt. Harry dachte nicht zum ersten Mal, dass sie sich am besten ein paar Wochen in einem Sanatorium ausnüchtern sollte. Da sie nicht freiwillig gehen würde, war jede weitere Überlegung in diese Richtung sinnlos.

Nach dem Anruf bat Viktor Rosa zu gehen. »Es hat keinen Sinn, Kleines. Es bringt nichts, alte Geschichten aufzuwärmen. Ich habe mich gefreut, dich wiederzusehen. Aber ich möchte endlich schlafen. Ich bin todmüde.«

Rosa sah den gleichgültigen Ausdruck in seinen Augen und begriff, dass es zu spät war. Sie ließ sich ihre Gekränktheit nicht anmerken. »Wie du willst. Vielleicht feiern wir morgen den Heiligen Abend zusammen?«

Er bezweifelte es, nickte aber und zwang sich ein mattes Lächeln ab, als sie endlich ging.

Frauen hatten in seinem Leben keine besonders wichtige Rolle gespielt. In jungen Jahren hatte es ein paar Liebesgeschichten gegeben. Bald nachdem er ins Pornogeschäft eingestiegen war, hatte ihn das private Vögeln nicht mehr interessiert. Rosa war da keine Ausnahme gewesen. In späteren Jahren hatte er sich mit gelegentlichen Besuchen bei Prostituierten begnügt oder einsame Frauen beglückt, die er in den Bars der Wiener Innenstadt kennengelernt hatte. Er erinnerte sich weder an einen Namen noch an ein Gesicht. Meist war er von ihnen angesprochen worden. Die Frauen flogen bis heute auf ihn. Doch je mehr er getrunken hatte, desto weniger hatte er sich für sie begeistern können.

Die Entscheidung war gefallen. Keine Rosa der Welt konnte ihn von seinem Entschluss abbringen.

❄

Als ihm Meier gegen Ende ihres Gesprächs eine Rolle in einem Kinderporno angeboten hatte, war ihm bewusst geworden, dass nun endgültig Schluss sein musste. Er hätte einen lüsternen alten Lehrer spielen sollen, der seine Schülerinnen reihenweise vernaschte. Angewidert hatte er abgelehnt. Weniger aus moralischen Gründen, er hatte schon alles gemacht, doch er hatte plötzlich nur mehr Ekel, sogar Ekel vor sich selbst empfunden.

Danach war er Meier zur S-Bahn-Station am Hauptbahnhof gefolgt. Einfach so, weil er nicht wusste, was er sonst machen sollte. Die schwache Hoffnung, vielleicht noch einmal mit ihm ins Gespräch zu kommen, schwand dahin, als er den Produzenten aus den Augen verlor.

Auf der Plattform herrschte großes Gedränge. Eine der Zugsgarnituren war ausgefallen. Einst hatte ihm ein Wiener Polizist erklärt, dass S-Bahn- oder U-Bahn-Störungen meist durch Lebensmüde verursacht wurden, die sich vor den einfahrenden Zug auf die Schienen warfen. Die Medien berichteten kaum darüber, da akute Nachahmungsgefahr bestand. Dieser Gedanke brachte ihn auf eine neue Idee.

Er ließ sich von den Massen nach vorne schieben, wollte seinem Leben jetzt sofort ein Ende setzen. Plötzlich erblickte er Meier kaum zwei Meter vor sich. Selbstmord vor Meiers Augen – was für ein bühnenreifer Abgang!

»Die S2 nach Bergedorf fährt ein ...«, ertönte es aus dem Lautsprecher.

Vor seinem inneren Auge erschien sein in hunderte Teile zerstückelter Körper. Er sah seinen abgetrennten Kopf neben den Gleisen liegen und Fleischfetzen von seinem Körper an den Jacken der umstehenden Leute kleben. In letzter Sekunde besann er sich, holte mit seiner schweren Umhängetasche aus und stieß sie Meier ins Kreuz.

Der Produzent geriet ins Wanken. Viktor half mit seinem Koffer nach.

Ein gellender Schrei. Quietschende Bremsen.

Panik brach aus.

Viktor, der für ein paar Sekunden zur Salzsäule erstarrt war, tauchte in der aufgebrachten Menschenmenge unter, ließ sich weiterschieben und verschwand rasch im Bahnhofsgebäude.

Er nahm den Ausgang Richtung Innenstadt, drängelte sich zwischen all den Einkaufswütigen durch die weihnachtlich geschmückte Mönckebergstraße. Sein Herz klopfte ihm bis zum Hals. Erst als er sich etwas beruhigt hatte, stieg er in ein Taxi und bat den Fahrer, ihn in irgendein billiges Hotel in St.Pauli zu bringen.

Viktor war zu müde, um sich noch weiter Gedanken über Röschen oder gar über seine Tat und ihre möglichen Folgen zu machen. Kaum hatte er sich auf dem Bett ausgestreckt, schlief er ein.

Als er erwachte, war es stockdunkel in seinem Zimmer. Er knipste die Lampe auf seinem Nachtkästchen an und warf einen Blick auf seine Armbanduhr. Einundzwanzig Uhr vorbei. Anscheinend hatte er fünf oder sechs Stunden durchgeschlafen. Ein ruhiges Gewissen ist ein sanftes Ruhekissen, fiel ihm plötzlich einer der blöden Sprüche seiner Wiener Vermieterin ein. Beinahe hätte er gelacht. Er hatte nicht nur einen Mann ermordet, sondern würde gleich noch einen zweiten Mord begehen.

Seinen laut knurrenden Magen ignorierend, begann er mit den Vorbereitungen für das große Finale. Zuerst brachte er die digitale Kamera in die richtige Position, dann kleidete er sich vor dem Spiegel aus. Sein Film sollte ein ästhetisches Meisterwerk werden. Er würde es all diesen Banausen zeigen.

Seine Achseln verströmten einen herben Geruch. Auch seine Bartstoppel auf Wangen und Kinn störten ihn. Er beschloss, sich vorher zu duschen und ordentlich zu rasieren.

Dem heißen Wasserstrahl gelang es zwar, den Dreck der letzten vierundzwanzig Stunden in den Ausguss zu spülen, trotzdem fühlte sich Viktor nach der Dusche weder sauber noch erfrischt. Während die letzten Wassertropfen an seinem Körper entlangperlten, begann er sich nass zu rasieren. Mit der Fingerspitze testete er die Schärfe der Klinge. Sie schien scharf genug. Ein schwungvoller Schnitt durch die Kehle? Die Vorstellung, wie sein Blut auf den Spiegel spritzte, in zittrigen Bahnen hinunterlief und langsam auf den weiß verfliesten Boden tropfte, gefiel ihm.

Natürlich könnte er sich auch während eines warmen Vollbads die Pulsadern öffnen. Eine Badewanne voller Blut? Nicht gerade ein sehr appetitlicher Anblick.

Auf jeden Fall wollte er sich dem Tod nackt stellen. Dem Publikum ein letztes Mal die ganze Pracht seines ehemals sehr begehrten Körpers darbieten.

Kritisch betrachtete er sich im Spiegel.

Er hatte kein Gramm Fett zu viel auf den Rippen, war schlank und durchtrainiert wie eh und je. Breite Schultern, muskulöse Arme, flacher Bauch, kräftige Schenkel, fester Po. Er trainierte nach wie vor. Sein Körper war sein einziges Kapital. Doch bald, sehr bald, würden die Schultern hängen, die Brustmuskeln sich in feminine Fettpolster verwandeln, der Bauch hervorspringen und die Arschbacken hängen wie die Titten einer alten Nutte. Seine Schenkel würden nicht mehr kräftig, sondern nur mehr dick sein, die Haut schlaff und runzelig. Voller Grauen wandte er den Blick von seinem Spiegelbild ab.

Es war nicht so einfach, sich stilvoll ins Jenseits zu befördern. Sein Sterben sollte auf jeden Fall lustvoll sein. Der Tod gehört zelebriert. Rosas Champagner kam ihm gerade recht. Die Flasche war zu einem Drittel voll. Er würde seinem Spiegelbild zuprosten, einen letzten Zug von einer Zigarette nehmen und ...

Vorher wollte er aber in Ruhe eine Zigarette rauchen. Zum Glück hatte ihm Rosa ihr angebrochenes Päckchen dagelassen.

Die Schlussszene bereitete ihm Kopfzerbrechen. Die vorletzte Einstellung hatte er genau geplant, aber über die Art seines endgültigen Abgangs war er sich nicht im Klaren. Zwar hatte er einige Todesarten bereits ausgeschlossen, es blieben jedoch immer noch zu viele Möglichkeiten.

Ein Schuss schien ihm nach wie vor die sauberste Lösung zu sein.

Viktor dämpfte die Zigarette aus, schaltete die Kamera ein und stellte sich vor den Spiegel. Den Revolver in der Rechten, das Champagnerglas in der Linken. Er richtete den Lauf des Revolvers auf seine Brust, drückte jedoch nicht ab. Plötzlich schien ihm eine Kugel in der Brust nicht verlässlich genug. Sich in den Mund zu schießen, wagte er erst recht nicht.

Er stellte sein Glas ab, schaltete die Lampe am Nachtkästchen ein, das Deckenlicht aus und machte eine Schlinge in seinen Gürtel. Vorsichtshalber probierte er, ob sie groß genug für seinen Kopf war.

Vor laufender Kamera schob er den Sessel in die Mitte des Raumes, stieg hinauf und nahm den Kristallluster vom Haken, ließ ihn einfach an den Kabeln runterhängen. Mit Elektrizität kannte er sich leider nicht aus, sonst wäre ein Stromstoß vielleicht eine durchaus passable Alternative gewesen.

Der Sessel wackelte. Mit zitternden Händen versuchte er seinen Gürtel am Haken zu befestigen. Die Schnalle ging auf. Der Gürtel rutschte runter.

Fluchend stieg er vom Sessel und blickte in die rotgeäderten Augen von Elsa, die barfuß und im Nachthemd mitten in seinem Zimmer stand.

Verdammt, dachte er, anscheinend hab ich vergessen, hinter Rosa abzuschließen.

»Oh, par...don«, flüsterte Elsa mit schwerer Zunge, musterte ihn dabei allerdings mit bewundernden Blicken. »Mein Gott ... sind Sie gut gebaut ...«

Er starrte sie fassungslos an. Nach ein paar Schrecksekunden hielt er seine Hände schützend vor seine pralle Männlichkeit. Er kam sich vor wie ein Idiot.

Elsa traf keinerlei Anstalten, ihn wieder zu verlassen.

»Ist er runtergefallen?« Sie deutete auf den baumelnden Luster und kam ein paar Schritte näher.

Viktor befürchtete, sie würde gleich nachsehen, ob noch alles an ihm dran war.

Sie schielte jedoch auf die Champagnerflasche am Nachtkästchen. »Hat er Ihnen nicht geschmeckt? Soll ich Ihnen eine neue Flasche bringen?«

»Verlassen Sie bitte augenblicklich mein Zimmer.« Endlich hatte er seine Sprache wieder gefunden.

»Ent...schuldigung.« Sie wankte, stützte sich auf die Kommode. »Ich wollte mich nur vergewissern, dass es Ihnen an nichts fehlt.«

Er half ihr, die Tür zu finden, und sperrte hinter ihr zu.

Nach diesem Schock brauchte er dringend einen beruhigenden Schluck. Er setzte die Champagnerflasche an den Mund und trank.

Die Lust, sich zu erhängen, war ihm gründlich vergangen. Außerdem musste er plötzlich an seine Lieblingswestern denken. Hatten sich die Erhängten zuletzt nicht jedes Mal angemacht? Der Gedanke, vor laufender Kamera die Kontrolle über seine Ausscheidungsorgane zu verlieren, behagte ihm überhaupt nicht.

Er ging ins Bad. Das Röhrchen mit den Schlaftabletten war fast leer. Ob vier Stück wohl ausreichen würden? Obwohl er es bezweifelte, schüttete er die Schlaftabletten in seine Handfläche. Zwei Pillen landeten in der Klomuschel. Fluchend würgte er die anderen beiden mithilfe des restlichen Champagners hinunter. Vor ein paar Jahren hatte sich eine ältere Kollegin von ihm mit einer Überdosis Whisky, ergänzt durch eine minimale Dosis Rohypnol, für immer verabschiedet. Was sie geschafft hatte, sollte ihm doch wohl auch gelingen.

Entschlossen plünderte er die Minibar, trank all die winzigen Wodka-, Gin- und Whiskyfläschchen leer. Zuletzt genehmigte er sich einen Jägermeister. Kurz darauf wurde ihm kotzübel.

❄

Rosa trommelte mit beiden Fäusten an die verschlossene Tür von Zimmer 38.

»Viktor, was ist los mit dir?«, schrie sie. »Mach auf!«

Statt einer Antwort vernahm sie weiterhin lautstarkes Krächzen und Würgen. »Ist dir schlecht? Soll ich einen Arzt rufen?«

Keine Reaktion.

Verzweifelt drückte sie auf den Liftknopf. Sie nahm an, dass er wieder einmal im Keller steckengeblieben war, und lief die Stiegen hinunter ins Foyer.

»Harry«, schrie sie. »Sie müssen mir helfen. Herr Lasky ist schwer krank. Er kann nicht aufmachen. Ich fürchte, er ist im Bad zusammengebrochen. Haben Sie einen Zentralschlüssel?«

»Der wird uns nicht viel nützen, wenn er seinen Schlüssel innen stecken gelassen hat«, murmelte Harry. Trotzdem rief er nach Marko. »Kannst du noch mal übernehmen? Einem Gast ist schlecht geworden.«

Nicht gerade erfreut über die Störung, sperrte Marko die ohnehin menschenleere Bar zu und begab sich in die Rezeption. Harry eine Bitte abzuschlagen war fatal, das hatte er vor nunmehr fast fünfundzwanzig Jahren, als er den Job als Barmann im Casablanca angetreten hatte, gleich zu spüren bekommen. Die Hierarchie in diesem Hotel war einfach und klar. Das Sagen hatte immer noch die frühere Besitzerin Elsa, auch wenn Harry sich um alles kümmerte. Marko rangierte erst an dritter Stelle, außerdem war er zwölf Jahre jünger als Harry, dessen Siebziger kurz bevorstand.

Der Lift war inzwischen oben, also lief Harry schwer schnaufend hinter Rosa Malkowski, deren hinreißende Formen durch den hautengen Rock betont wurden, die Stiegen hinauf. Er hatte allerdings andere Sorgen, als ihren hübschen Arsch und ihre langen schlanken Beine zu bewundern.

Vor der Nummer 38 wurden sie bereits von Elsa erwartet. Sie trug einen rosa Morgenmantel über ihrem Nachthemd und hatte Badeschlapfen an den Füßen. Ihr Lächeln war Harry nicht geheuer.

»Er will sich umbringen. Ich hab's eben erst kapiert«, sagte sie seelenruhig.

Vergeblich versuchte Harry, mit dem Zentralschlüssel aufzusperren.

»Brecht doch einfach die Tür auf«, schlug Elsa vor.

Sie warfen sich alle drei gleichzeitig gegen die Tür.

»Scheiße, ich fürchte, ich habe mir die Schulter ausgerenkt«, fluchte Harry.

Nach einem weiteren Anlauf schafften sie es schließlich, die dünne Sperrholztür einzudrücken.

❄

Viktor torkelte, als er den Krach hörte, aus dem Bad. Kreidebleich im Gesicht schnappte er sich den Revolver und presste den Lauf an seine Stirn.

Kreischend stürzte sich Rosa auf ihn und versuchte ihm die Waffe zu entreißen. Ein Schuss löste sich, streifte ihren Oberarm.

Kurz danach stand eine völlig verstört aussehende Jasmin im Zimmer und schrie: »Hilfe, Polizei!«

»Um Himmels willen, bloß keine Polizei«, stöhnte Rosa.

Harry und Elsa waren ganz ihrer Meinung.

»Wenn du deinen Job behalten willst, vergiss, was du gesehen hast«, zischte Elsa das Zimmermädchen an, das nun den splitternackten Viktor ungeniert angaffte. Energisch schob sie Jasmin zur Tür hinaus. Plötzlich schien sie wieder relativ nüchtern zu sein.

»Bringt Verbandszeug«, rief Harry ihnen nach und sah sich kurz um.

Er registrierte die vielen leeren Fläschchen und das leere Tablettenröhrchen auf dem Boden. Während er sich um Rosa kümmerte, empfahl er Viktor, zwei Finger in den Hals zu stecken.

Nach ein paar Minuten kamen Elsa und Jasmin mit dem Verbandskasten zurück, den sie vorschriftsgemäß im Wäschezimmer aufbewahrten.

Mit weit aufgerissenen Augen sah Jasmin zu, wie Harry Rosas Streifschuss professionell versorgte. »Mir wird gleich schlecht«, stöhnte sie.

»Das ist nur ein kleiner Kratzer«, beruhigte Harry das Mädchen. »Hier ist nichts passiert. Geh wieder ins Bett!«

Nachdem die Kleine gegangen war, half er Rosa auf die Beine und nickte Elsa zu. »Bring du sie auf ihr Zimmer und bleib ein bisschen bei ihr.«

»Die Frauen sind wir los«, sagte Harry erleichtert. Zum ersten Mal sah Viktor ihn lächeln.

Harry holte ein feuchtes Handtuch aus dem Bad und wischte seinem völlig apathisch wirkenden Gast das Gesicht ab.

»Was machen wir nun mit der angebrochenen Nacht?«, witzelte er.

Viktor zuckte hilflos mit den Schultern, ließ es aber zu, dass der Portier ihm beim Anziehen half.

»Besser, Sie verbringen den Rest der Nacht nicht allein!«

Mittlerweile war es halb eins. Harry schob Viktor auf den Gang und bugsierte ihn mit der gleichen nachdrücklichen Sanftheit in den Lift, der zum Glück wieder funktionierte.

»Marko!«, rief er, als sie im Foyer ausstiegen. »Marko, mach uns Kaffee.«

Während sich Viktor an die Theke klammerte und sich über »diese mütterlichen Weiber und ihr verfluchtes Helfersyndrom« ausließ, erzählte Harry dem Barkeeper, was passiert war.

Marko seufzte und gab einen Extralöffel Kaffeepulver in den Filter der Maschine.

»Der Freitod ist ein Privileg des Humanen, hat Jean Améry geschrieben«, lallte Viktor. »Jeder Mensch hat ein Recht darauf, sich umzubringen.«

Marko servierte den Kaffee in den alten Tassen mit dem ausgebleichten Schriftzug des Hotels Casablanca.

Viktor trank ihn in kleinen Schlucken.

Harry nahm Marko zur Seite. »Das mit Elsa muss aufhören. Gib ihr keinen Wein mehr.«

Marko hob ratlos die Schultern. »Dann rastet sie wieder aus.« Er sah Harry lange an. »Was hält dich eigentlich noch hier? Warum kommst du nicht mit auf die »Queen Mary II«? Ich habe mich bereits bei Cunard Line beworben. Als Gentleman Host würdest auch du eine gute Figur machen. Du kannst doch tanzen, oder?«

»Nein, kann ich nicht. Außerdem bin ich zu alt und kann Elsa unmöglich alleinlassen. Nimm lieber ihn mit. Er ist Wiener ...«

»Ungar«, korrigierte ihn Viktor.

»Die Ungarn sind noch bessere Tänzer als die Wiener«, warf Harry ein.

»Walzertanzen kann ich fast so gut wie Ficken«, beteuerte Viktor, schlang seine Arme um eine imaginäre Partnerin und tanzte mit ihr zu unhörbaren Walzerklängen durch die Bar. Danach forderte er mit einer tiefen Verbeugung Harry auf. Dem alten Portier half all sein Sträuben nichts. Viktor legte mit ihm ein paar Schritte im Dreivierteltakt aufs Parkett. Schwer atmend schaffte es Harry endlich zurück an die Bar.

»Die ›Queen Mary‹ wird demnächst mit etwa dreitausend Passagieren an Bord den Hamburger Hafen anlaufen«, sagte Marko. »Sie werden sicher neue Gentlemen Hosts brauchen, da sie nach jeder Kreuzfahrt einige Ausfälle haben. Alte Damen können, wie wir wissen, sehr anstrengend sein.« Er zwinkerte Harry belustigt zu.« Und das Herz so manch älteren Gentlemans übersteht diesen Stress eben nicht wochenlang. Ist also ein durchaus gefährlicher Job für unsereins, aber wir beide sind ja geeicht.« Marko klopfte Harry auf die Schultern und taxierte dann Viktor. »Sie sind leider noch ein bisschen zu jung. Aber wenn Sie sich die Haare grau färben und vielleicht einen kleinen grauen Schnurrbart zulegen würden, könnte ich Sie auch unterbringen. Glauben Sie mir, das ist ein super Job. Kostenlose Passagen rund um die Welt, viele einsame Herzen, lauter schwerreiche uralte Ladys. Und bei ihrem Aussehen ...«

Kaum hatte er die Frauen erwähnt, hob Viktor den Zeigefinger und rief: »Keine Weiber mehr!«

Während Marko ihm Kaffee nachgoss und für sich selbst und Harry »Bloody Marys« zubereitete, bemühte er sich weiter, die beiden davon zu überzeugen, dass sie als Gentlemen Hosts eine wunderbare Zukunft hätten.

»Für ihn eine ›Virgin Mary‹ auf meine Rechnung!« Harry deutete auf Viktor, der nun mit eingefallenen Schultern und hängendem Kopf an der Theke lehnte und gerade beschloss, morgen früh umzuziehen. Das Hotel Casablanca war kein geeigneter Ort zum Sterben.

Aber wer weiß, vielleicht hatte der widerliche Meier ja den Sturz vor die U-Bahn überlebt? Schwache Hoffnung keimte in ihm auf, verflüchtigte sich jedoch gleich wieder, als er Marko dabei zusah, wie er einen Viertelliter Tomatensaft in ein großes Wasserglas leerte. Der Saft erinnerte ihn fatal an Blut, an Meiers Blut auf seinem Trenchcoat.

Der Barkeeper gab einen Schuss Tabasco und einen Schuss Worcesterhiresauce, eine Prise Salz und Pfeffer, einen Spritzer Zitronensaft und ein rohes Ei hinzu.

Viktor schielte auf die Wodkaflasche neben dem Cocktailshaker.

»Nur einen winzigen Tropfen?« Marko griff nach der Flasche.

Energisch schüttelte Harry den Kopf und verrührte eigenhändig den alkoholfreien Drink für seinen Gast.

»Mitternacht ist längst vorbei. Heute ist Heiliger Abend. Fröhliche Weihnachten, meine Herrn!« Marko prostete Harry und Viktor zu.

»Ich glaube, das ist der Beginn einer wunderbaren Freundschaft«, murmelte Viktor.

Quellenvermerk

Folgende bereits erschienene Kriminalgeschichten wurden für das vorliegende Buch von der Autorin neu überarbeitet:

»Felix«, aus: Gabriele Wolff (Hg.): Still und starr ruht der See. Fischer Taschenbuch Verlag, Frankfurt am Main 1994.

»Lasst uns froh und munter sein«, aus: Gisa Klönne (Hg.): Leise rieselt der Schnee ... Ullstein Verlag, München 2003.

»Nachtschwärmer«, aus: Dorothee Sager (Hg.): Süßer die Schüsse nie klingen. Heyne, München 1995.

»Ihr Kinderlein kommet«, aus: Anne Hassel, Ursula Schmid-Spreer (Hg.): Das Nürnberger Weihnachtsbuch. Wellhöfer Verlag, Mannheim 2011.

»Wiener Christkindl« (Originaltitel »Kurzes Gastspiel«), aus: Karen Meyer (Hg.): Mord light oder Es muss nicht immer Totschlag sein. Verlag Das Neue Berlin, Berlin 1996.

»Alle Jahre wieder«, aus: Leo P. Ard (Hg.): Der Mörder packt die Rute aus. Grafit Verlag, Dortmund 1993.

»Montevideo«, aus: Edith Kneifl (Hg.): Tatort Hofburg. Falter Verlag, Wien 2016.

»Hotel Casablanca«, aus: Hotel Terminus. Ein Kriminalroman von zwölf Autoren. (Konzipiert von H. P. Karr und Jürgen Alberts). Aufbau Taschenbuch Verlag, Berlin 2005

Autorin

Edith Kneifl, Dr. phil., lebt und arbeitet als Psychoanalytikerin und freie Schriftstellerin in Wien. 1992 bekam sie als erste Frau den »Friedrich Glauser-Preis« für den besten deutschsprachigen Kriminalroman des Jahres verliehen. Ihre Romane wurden in mehrere Sprachen übersetzt.

Die Verfilmung ihres Romans »Ende der Vorstellung« (Filmtitel: »Taxi für eine Leiche«, Regie: Wolfgang Murnberger) erhielt als bester Fernsehfilm des Jahres die ROMY 2003.

2018 wurde Edith Kneifl mit dem »Ehrenglauser« für ihr Gesamtwerk und ihre Verdienste um die deutschsprachige Kriminalliteratur ausgezeichnet.

Veröffentlichungen: 25 Kriminalromane und ca. 80 Kurzgeschichten. Zuletzt erschienen die Romane »Der Tod ist ein Wiener« (2018), »Todesreigen in der Hofreitschule« (2019), beide im Haymon Verlag, Innsbruck.

Herausgeberin von 13 Krimianthologien im Falter Verlag, zuletzt: »Tatort Gemeindebau« (2016), »Tatort Hauptstadt«, 13 Kriminalgeschichten aus Wien von Edith Kneifl (2017).

Weitere Informationen unter *www.kneifl.at*.